Evasión y otros ensayos

César Aira nació en Coronel Pringles, Argentina, en 1949. Desde 1967 vive en Buenos Aires, dedicado a la traducción y a la escritura de novelas, ensayos y muchos textos que oscilan entre ambos géneros. Aira es uno de los narradores más radicalmente originales, imaginativos, inteligentes y delirantes. Su obra ha sido publicada profusamente en Argentina, Chile, México y España, y sus novelas han sido traducidas a más de veinte idiomas. En Literatura Random House se han publicado hasta el momento: *Ema, la cautiva* (1997), *Cómo me hice monja* (1998), *La mendiga* (1999), *Cumpleaños* (2001), *El mago* (2002), *Canto castrato* (2003), *Las noches de flores* (2004), *Un episodio en la vida del pintor viajero* (2005), *Parménides* (2006), *Las curas milagrosas del Doctor Aira* (2007), *Las aventuras de Barbaverde* (2008), *El error* (2010), *El congreso de literatura* (2012), *Los fantasmas* (2013), *El santo* (2015), *El cerebro musical* (2016) y *Sobre el arte contemporáneo / En La Habana* (2016). Con la publicación de *El santo*, Literatura Random House inauguró la Biblioteca César Aira, donde se recuperan algunas de sus mejores obras.

Evasión
y otros ensayos

CÉSAR AIRA

LITERATURA RANDOM HOUSE

Papel certificado por el Forest Stewardship Council®

MIXTO
Papel procedente de
fuentes responsables
FSC
www.fsc.org   FSC® C117695

Printed in Spain – Impreso en España

ISBN: 978-84-397-3366-9
Depósito legal: B-17.124-2017

Compuesto en La Nueva Edimac, S.L.
Impreso en Cayfosa (Barcelona)

RH33669

Penguin
Random House
Grupo Editorial

ÍNDICE

EVASIÓN

Empiezo, para empezar desde lejos, y lateralmente, con una lectura reciente, la de una de esas viejas novelas gratificantes y absorbentes, que son emblema y santo y seña de la lectura como ocupación infantil de los adultos… Y a la vez son algo más que lectura. Fue *The Black Arrow*, de Stevenson. Es de 1888, posterior a *La isla del tesoro* y anterior a algunas de las obras maestras escocesas, como *Catriona* o *The Master of Ballantrae*, fue escrita en la estela de *La isla del tesoro* y perfecciona la insólita revolución que significó esta novela: literatura para la juventud, con la temática y el ritmo del folletín de capa y espada, pero en el formato de la más refinada novela artística. Aun cuando *La Flecha Negra* no está en el top ten de los buenos lectores de Stevenson, aun cuando se la suele calificar, y no sin algún motivo, de «novela histórica», las peripecias del adolescente Dick Shelton en la guerra de las Rosas constituyen una lectura a la que sería difícil pedirle más, quintaesencia del placer de la lectura… y a la vez, como dije, es algo más que lectura. Ahí hay una paradoja, muy bienvenida, y bastante obvia: para realizarse y consumarse en su definición más exigente y su mayor eficacia, la lectura de una novela debe ser algo más, o menos, que lectura. Debe hacer pasar el ejercicio de la lectura a otro plano, secundario, automatizado, para que tome cuerpo, así sea cuerpo espectral, el sueño que representa la novela.

A ese sueño a su vez, en el siglo XX, vino a representarlo el cine. Y tratando de explicarse el mecanismo figurativo que lleva adelante *The Black Arrow*, podría pensarse en una producción cinematográfica. En una novela como ésta, una novela que pretende, y logra, llevarnos a la aventura, transportarnos a sus escenas, provocar la «momentánea suspensión de la incredulidad» que pedía Coleridge, hay muchos rubros de los que ocuparse: el vestuario, las escenografías, el guión, los personajes, las secuencias, la iluminación, la utilería… Tomemos una página cualquiera, por ejemplo la de la boda interrumpida de Joanna con lord Shoreby, el viejo novio que le ha impuesto el infame sir Daniel, mientras su enamorado, Dick, asiste impotente, disfrazado de monje, precariamente protegido por sir Oliver:

Algunos de los hombres de lord Shoreby abrieron paso por la nave central, haciendo retroceder a los curiosos con los mangos de las lanzas; y en ese momento, al otro lado del portal se vio a los músicos seglares que se acercaban, marchando sobre la nieve congelada, los pífanos y trompeteros con las caras rojas por el esfuerzo de soplar, los tamborileros y cimbalistas golpeando sus instrumentos como si compitieran entre sí.

Al llegar al edificio sacro se alinearon a ambos lados de la puerta, y al ritmo de su música vigorosa marcaron el paso en el lugar. Al abrir de ese modo la fila, aparecieron atrás los iniciadores del noble cortejo nupcial; y tal era la variedad y colorido de sus atuendos, tal el despliegue de sedas y terciopelos, pieles y rasos, bordados y encajes, que la procesión se desplegaba sobre la nieve como un parterre florido en un jardín o un vitral pintado en un muro.

Primero venía la novia, de aspecto lamentable, pálida como el invierno, colgada del brazo de sir Daniel, y asistida, como dama de honor, por la joven bajita que se había mostrado tan amistosa con Dick la noche anterior. Inmediatamente atrás, con la más radiante vestimenta, la seguía el novio, cojeando con su pie gotoso y como llevaba el sombrero en la mano se le veía la calva sonrosada por la emoción.

En ese momento, llegó la hora de Ellis Duckworth.

Dick, que permanecía en su asiento, atontado por efecto de emociones contrarias, aferrado al reclinatorio frente a él, vio un movimiento en la multitud, gente que se empujaba hacia atrás, y ojos y brazos que se alzaban. Siguiendo estas señales, vio a tres o cuatro hombres con los arcos tensos, inclinándose desde la galería del piso alto de la iglesia. Al unísono soltaron las cuerdas de sus arcos, y antes de que el clamor y los gritos del populacho atónito tuviera tiempo de llegar a los oídos, ya se habían descolgado de la altura y desaparecido.

La nave estaba llena de cabezas que se volvían a un lado y otro y voces que gritaban; los clérigos abandonaron sus puestos, aterrorizados; la música cesó, y aunque allá arriba las campanas siguieron haciendo vibrar el aire unos segundos más, un viento de desastre pareció abrirse camino al fin, incluso hasta la cámara donde los campaneros estaban colgados de las cuerdas, y ellos también desistieron de su alegre trabajo.

En el centro de la nave el novio yacía muerto, atravesado por dos flechas negras. La novia se había desmayado, sir Daniel seguía de pie, dominando a la muchedumbre, en toda su sorpresa y su ira, con una flecha temblando clavada en su brazo izquierdo, y la cara bañada en sangre por otra flecha que le había rozado la frente.

Mucho antes de que pudiera iniciarse su busca, los autores de esta trágica interrupción habían bajado ruidosamente la escalera de portazgo y habían salido por una puerta trasera.

Pero Dick y Lawless todavía quedaban en prenda: se habían puesto de pie con la primera alarma y habían hecho un viril intento de ganar la salida; pero con la estrechez de los pasillos y el apretujamiento de los curas aterrados, el intento había sido en vano, y habían vuelto estoicamente a sus puestos.

Y ahora, pálido de horror, sir Oliver se puso de pie y llamó a sir Daniel, señalando con una mano a Dick:

—Aquí —gritó—, aquí está Richard Shelton, ¡maldita sea la hora!, ¡sangre culpable! ¡Aprésenlo! ¡que no escape! Por nuestras vidas, tómenlo y asegúrenlo! Es él quien ha jurado nuestra destrucción.

Advierto que mi traducción apenas si puede dar una idea aproximada del vértigo de precisión con que sucede esta escena, y todas las demás de la novela. Lo que quería hacer notar es el modo en que la escritura se hace tridimensional: el espacio de la iglesia está utilizado en todo su largo, ancho y alto, en sus vistas al exterior, sus entradas y salidas, sus espacios anexos, su luz, sus ocupantes; y cómo están coreografiados los movimientos, con qué aceitadas transiciones se pasa de un cuadro a otro, en los pocos segundos que dura todo; y cómo los colores, las formas, la música, los gritos (con el delay de las campanas en el silencio súbito) se entrelazan y combinan con las emociones, con la nieve, con las huidas... Todo eso lo hizo Stevenson; él solo hizo el «trabajo de equipo» que dio este resultado. Sonidista, iluminador, vestuarista, guionista, camarógrafo, director, productor, montajista. Aunque tuvo que tomar la precaución de no terminar de fundir todos estos obreros en uno solo, porque una fusión completa empastaría la escena, la volvería un fantaseo personal del autor, le haría perder el bruñido objetivo en el que está lo mejor de su efecto. Y a su vez, no hace exactamente el trabajo que harían esos burócratas del espectáculo, sino su representación en la literatura. Esos trabajos cambian cualitativamente al ser realizados por el novelista, se vuelven lo previo del trabajo, su utopía como juego libre de la inteligencia, y a la vez conservan las limitaciones prácticas y las dificultades del trabajo de verdad. Son un trabajo de verdad, porque las construcciones imaginarias obedecen a la misma lógica que hace reales a las construcciones reales. En la medida en que se despliega el oficio necesario para poner en pie estas construcciones, sale a luz la incomparable superioridad de la literatura sobre las demás artes, a las que anticipa e incluye.

Es cierto que queda algo así como un vacío insalvable: falta el sonido material que tiene la música, o los colores de la pintura, los volúmenes de la escultura, las imágenes en movimiento del cine… Pero la novela utiliza positivamente esa falta, como deliciosa y creativa nostalgia de la imagen y el sonido… y en definitiva de la realidad, que es el sustrato de toda representación. En la novela ha quedado, como resto inasimilable, el sistema entero de las artes, su historia, su arqueología, como significante de lo real que está a punto de nacer, o de volver. Y cuando vuelve, se despliega por acción del mismo resorte que sirvió para ocultarlo, como en la paradoja de Lacan: «lo reprimido y el retorno de lo reprimido son lo mismo». La realidad es idéntica a sí misma, de cualquier lado de la representación que se la mire. Y si aceptamos la definición de Hegel de la realidad, como «lo que estamos obligados a pensar», también deberíamos aceptar que la novela es lo que ocupa nuestro pensamiento opcionalmente, como prueba de libertad.

El cine, por haber operado en los hechos la división del trabajo, queda fuera del cerco encantado de la representación. La objetividad dio un paso de más y quedó fuera de la subjetividad, pero ese paso lo dio de espaldas y quedó mirando el terreno del que había escapado, que no es otro que el de la novela. De ahí la *politique des auteurs*, que a pesar de su formulación tardía fue la política permanente del cine en toda su historia. El espectro de la escritura quedó instalado en las películas y se ha resistido a todo intento de desalojo. Ya en la década de 1910 el poeta norteamericano Vachel Lindsay propuso una idea del cine como «lenguaje jeroglífico», concepto que Eisenstein llevaría a su mayor desarrollo como teoría del montaje.

Vachel Lindsay fue un poeta errante, vivió entre 1880 y 1930, vivía del recitado de sus poemas y no aceptaba dinero a cambio sino cama y comida (como los poemas no siempre alcanzaban para el pago debía complementarlos con trabajos de limpieza o de carga y descarga). Se suicidó a los cincuenta años tomando una botella de Lysol. En 1915 publicó este libro, *The Art of the Moving Picture*, pionero en la teoría cinematográfica. El capítulo XIII es el de los jeroglíficos. Su postura es que la palabra está fuera de lugar en un arte de imágenes móviles como es el cine, pues las imágenes bastan para contar una historia. Pero con las imágenes es necesario escribir, por lo que propone el uso de un lenguaje de imágenes: los jeroglíficos egipcios, de los que tenía una idea muy personal. Dice que con ochocientos basta, y sugiere que el cineasta los dibuje en cartón y los recorte, y poniéndolos en fila vaya creando el argumento. Da ejemplos: hay un jeroglífico que es el trono. Puede significar una reina, y ésta puede ser su admirada Mae West, reina por su belleza, con lo que el director ya tiene a la estrella del film. El siguiente: una mano. Una mano puede abrir una puerta, o echar veneno en la taza de té. Se abren muchas posibilidades. El tercero: un pato, que trae a la mente la Arcadia. El cuarto: un embudo. El quinto: la letra N. (Aquí empieza a parecerse a la enciclopedia china de Borges.) Si la historia que se forma con esta lista no convence, no hay más que volver a mezclar los ochocientos cartoncitos y volver a sacar.

El artista del montaje, como el escriba egipcio, reúne en diagramas el trabajo que ha creado la realidad; pero el mito del nacimiento de la escritura jeroglífica es un episodio apenas, que refleja el más intrigante de los mitos que haya soñado cualquier civilización: el retiro de Osiris al reino de la muerte, llevándose con él nada menos que la vida, toda la vida. A nadie se le ocurrió algo tan radical después de los egipcios de la cuarta dinastía. Herodoto no se extiende en el tema porque dice que los sacerdotes le pidieron discreción. La figura diagramática que produce este mito, un término que migra a su opuesto llevándose el todo que lo incluye, es la representación de la escritura, o del lenguaje. Osiris desmembrado es rearmado por Isis en una operación de montaje, pero ya antes, al retirarse a la nada llevándose el todo, anticipaba la representación lingüística, y no sólo la del discurso nominativo sino la de la construcción, con su tridimensionalidad, luces y sombras, colores, sonidos, la hierofanía de la vida real. El tránsito de Osiris bien podría servir como mito de origen de la novela.

Quizás lo adivinó así Lezama Lima, al hacer descender de las pirámides el «pequeño manual» de imágenes con las que hacer el montaje de las historias. Lo cito: «Era necesario que los símbolos de las pirámides no sólo se presentasen al pueblo con la solemne arrogancia de las moles de piedra, con su intento de permanecer en la eternidad, sino que también se crease su cartilla, su pequeño manual leído por el pueblo en los momentos de vacilación en que se atormentaba por su destino, en que al acudir a la taberna, la misma embriaguez lo llevase a formular las preguntas por su suerte, sus viajes, sus cosechas, o sus relaciones con la teocracia reinante. Así fueron surgiendo las barajas del destino, los símbolos del Tarot, el libro portátil, que se abre y se cierra sobre cada una de las interrogaciones de los hombres.»

En fin, todo lo anterior son digresiones sueltas, digresiones de nada, como para establecer el esbozo de un paisaje conceptual en el que hablar de la literatura de evasión. De lo que antes se llamaba literatura de evasión. Ahora no se la llama nada, porque no existe. Creo que nunca existió en realidad, salvo como recurso o fantasma polémico, a pesar de lo cual, o por lo cual, he empezado a extrañarla (y hasta a tratar de producirla deliberadamente, con los pobres medios artesanales a mi alcance).

De mala palabra (y lo que creo es que era sólo eso, una calificación negativa colgada en el vacío, que no calificaba nada preciso) pasó a ser buena, o lo sería si la pensáramos y pensáramos en su rescate, como estoy tratando de hacerlo. Pasa en la vida, por poco que la afecte el tiempo: los signos de positivo y negativo se intercambian ante una cualidad o un defecto, según el cambio de las circunstancias.

Qué no daríamos por recuperar la vieja evasión, a la vista de la novela actual, o lo que de la novela actual tengo más a la vista. Los novelistas, y esto se acentúa cuanto más jóvenes son, o sea a medida que pasa el tiempo, encuentran cada vez menos motivos para promover un escape, infatuados como están con sus propias vidas, contentos y satisfechos con sus destinos y su lugar en el mundo. Al perder el motivo para evadirse, se les hace innecesario el espacio por donde hacerlo, y sólo les queda el tiempo, la más deprimente de las categorías mentales. No pueden hacer otra cosa que contar las alternativas felices de sus días y, ¡ay! de sus noches, en un relato lineal que es hoy el equivalente indigente de lo que antes era la novela.

Podríamos preguntarnos cómo es posible que sus vidas hayan llegado a ser tan satisfactorias como para hacer irresistible el deseo de contarlas. Porque es evidente que no todas las vidas son tan gratificantes; también hay pobres, enfermos y víctimas de toda clase de calamidades. Pero, justamente, los que no están contentos con sus vidas no escriben novelas, y me da la impresión de que ni siquiera las leen. Es como si se hubiera cerrado un círculo de benevolencia, y no se huye en círculos.

Dicho de otro modo: hubo un proceso histórico que en el último medio siglo fue eliminando todos los problemas y conflictos de un diminuto y muy preciso sector de la sociedad, que ipso facto se dedicó a la producción y consumo de novelas celebratorias. Esto es una simplificación, claro está, pero puede tomarse como un mito explicativo. Subsidiados, psicoanalizados, viajados y digitalizados, los novelistas viven vidas de cuento de hadas, y aun así escriben novelas (y no cuentos de hadas, lo que sería más honesto). La Historia les jugó una mala pasada al despojarlos de conflictos. Ni siquiera el problema sexual les dejó. Y como si hubiera un especial ensañamiento, la Historia de la Literatura colaboró, haciendo muchísimo más fácil que antes escribir una novela.

Como una novela no puede escribirse sin conflicto, los nuevos novelistas, que no lo tienen, deben inventarlo. Es lo único que no debían inventar, y es lo único que inventan. Porque al inventar el conflicto queda obstruida la genuina invención novelesca, la maquinaria imaginaria, el submarino del capitán Nemo o la locura de Don Quijote, que era lo que se inventaba, para huir del conflicto. Es decir, para evadirse.

El precio que hay que pagar para tener todos los problemas resueltos es vivir vidas estereotipadas. Aun así, y dado que la exclusividad concedida al tiempo hace que no haya otra cosa, esas vidas se vuelven tema, y un tema no es lo mejor que le puede pasar a una novela, porque pone todo el interés fuera del cuerpo de la novela, y vuelve a éste un relleno que se hace en forma automática, completando uno tras otro los ítems indicados por el tema.

La predicación autobiográfica vuelve urgente al tema, además de absorbente, y excluye ese triunfo del lenguaje que eran los *purple patches*. Hoy los novelistas no saben siquiera lo que son los *purple patches*, o en todo caso no saben que con ese nombre, que proviene de la *Epístola a los*

Pisones de Horacio, donde es *purpureus pannus*, se llama a los pasajes descriptivos que interrumpen la acción por un momento, corto o largo, a veces por un par de líneas apenas. Antes nunca faltaban en una novela, y le daban su poesía, su ritmo, su atmósfera. Casi podría decirse que eran lo esencial de la novela, su lujo, lo que la hacía valer la pena, aun cuando el lector impaciente se los salteara. Porque lo que importa del *purple patch* no es tanto el *purple patch* en sí mismo, como lo que lleva a él y lo hace necesario en cierto punto. Es decir, el viejo novelista consciente de su oficio y decidido, porque sabía lo que le convenía, al incluir un párrafo descriptivo, poético, paisajístico, un claro de espacio en el flujo temporal del relato, debía conducir en determinada dirección a los personajes, a la acción, al argumento, de modo que pudiera llegarse naturalmente al «paño púrpura». Y era ese trayecto, esa dirección, lo que le daba a la novela su movimiento y su fantasía.

Quizás el canto de cisne de los *purple patches* fueron las *Iluminaciones* de Rimbaud. A veces he fantaseado con la novela que resultaría de usar como *purple patches* intercalados las cuarenta y dos Iluminaciones de Rimbaud, llevando el argumento, sin hacer trampa y manteniendo el verosímil tradicional, de una a otra. Esto se parece a un procedimiento de generación automática de novela (no tan automático, por supuesto) como los que yo he venido predicando irresponsablemente estos últimos treinta años. Irresponsablemente, pero no tan estúpidamente como los que se lo tomaron de modo literal. Aunque no exista más que como teoría, ni se lo practique, el procedimiento tiene un mérito y una utilidad de primer agua: vuelve objetiva la fuente de las historias; sin él, o sin lo que él representa, la única fuente a la que recurrir es lo que alguna vez llamé «el estúpido reflejo de la manzana en la ventana», es decir la propia estúpida y miserable psicología momificada del sujeto filisteo y antiliterario que se suponía que la literatura tenía por objeto destituir.

Qué hacer respecto de este sujeto sino huir de él. La evasión reinventada puede ser un vehículo más rápido que el procedimiento, más cómodo y podría llevar más lejos; la literatura de evasión, en su necesidad de construir complejos mecanismos de ensoñación, debía ser hecha por un artesano de muchas habilidades, que no tenía tiempo de ponerse a hablar de sus miserias personales y hasta las perdía de vista en la multiplicación de funciones en que tenía que prodigarse, y llegaba de un salto, casi sin proponérselo, a una sana objetividad.

Dije que hasta la historia de la literatura había colaborado con la Historia para producir estas malformaciones del narcisismo. En efecto, la evolución de la novela en los últimos cien años la llevó a independizarse de la lógica tradicional del interés del lector. A la deriva, librado a sí mismo, el interés se volvió en dirección al autor. El resultado es una novela que, ante el riesgo de terminar de vaciarse, debe quedar pegada a su creador, y justifica esa pregunta que ha empezado a oírse con frecuencia creciente: ¿y esto a mí qué me importa? ¿Por qué estoy leyendo el registro de las actividades y opiniones de un desconocido al que nunca le pasó nada? ¿Por cortesía? ¿No estaré perdiendo el tiempo? Esta última pregunta es la más pertinente de todas. Las novelas que han adherido al círculo autobiográfico están hechas de puro tiempo, porque el yo, cuando realiza su esencia de haberse quedado solo en el mundo y sólo puede hablarse a sí mismo, es puro tiempo. El espacio ha quedado relegado, desde que se perdió el volumen de la representación: sólo queda el hilo del discurso, que no puede medirse sino con tiempo.

A diferencia de lo que hice con Stevenson, aquí no puedo dar un ejemplo porque quedaría mal con alguien. Supongamos que lo di de todos modos, y que estamos reflexionando sobre él. Lo primero que sentimos es la falta de densidad, de volumen. Cada frase nos informa de algo, pero la información nos deja donde estábamos, sólo que un poco más viejos y más cansados. Tomemos la primera página. El autor, o la autora, habla, en primera persona y en tiempo presente, de los estragos de la edad en el hombre o la mujer que ama, y la caída o el olvido de los ideales de la juventud. Lo ha pensado mirándose en el espejo del baño al levantarse a la mañana. Lo termina de pensar en la cocina mientras hace el café y contempla por la ventana la pared sucia de hollín del edificio lindero. Suspira. Estornuda. Mira el reloj. Se suena los mocos. Recuerda que debe ir al pedicuro. Canturrea unos versos de una canción de Tom Waits, y se dice que Tom Waits es definitivamente más profundo que Leonard Cohen, aunque no tiene el lirismo de Lou Reed. El café ya está hecho, se sirve una taza, va a beberla al living. En ese momento suena el teléfono. Etcétera. De lo único que se trata es de la ocupación del tiempo. Y sigue durante doscientas o trescientas páginas, en el mejor de los casos. Porque también pueden seguir sólo durante ochenta o cien páginas y hacernos creer, por el aspecto, que valdría la pena leerlo.

Es curioso notar que el giro temporal que ha tomado la novela más reciente, desde el abandono de la construcción espacial de la representación, lleva al uso del tiempo presente en la narración, el llamado «presente histórico». No es tan contradictorio como podría parecer, porque es el modo como se cuentan las películas, que ahora han pasado a estar antes, y funcionan como recuerdo subliminal general del novelista: «A Bill Farrel lo persigue un dinosaurio y se mete en una cueva y encuentra un mono…» Es el presente sucesivo-acumulativo del cine, en el que los roles de la producción ya han sido afectados por la división del trabajo, dejando al sujeto en un ocio que duplica, complementa y representa el ocio del escritor al que la Historia ya no le pide nada, con lo que el círculo se cierra.

Valdría la pena, entre paréntesis, contrastar esta modalidad temporal del relato de películas con la que se usa para los sueños, que privilegia el pretérito imperfecto. «Yo estaba en una casa en ruinas, se me aparecía mi abuelo, me daba un libro de Paulo Coelho...» Ahí hay un escalonamiento, también acumulativo, pero de permanencias: si yo «estaba» en una casa en ruinas, seguía estando cuando se me «aparecía» mi abuelo, aparición que persistía cuando me «daba» un libro... El presente del cine es un encadenamiento de remplazos. La diferencia está marcada por el sujeto: Bill Farrell, el dinosaurio, el mono, se suceden sin dejar más huella que la acción que los mueve, mientras que el «yo» del sueño persiste, como persiste la hora cuando uno viaja de oeste a este.

Las técnicas intuitivas de relato de sueño y cine son *ersatz*, o simplificaciones, de un relato que ya ha asimilado su propia invención, la invención que la novela, por el contrario, ponía en escena. Se diría que si hay algo más melancólico que una primera persona que resiste a las mutaciones de la aventura y persiste en su naturaleza de sujeto, es una imagen que sólo sirve para ser remplazada, en un invariable parpadeo de presente.

La literatura de evasión ha muerto. No se huye de nada, porque no hay nada de qué huir. Al contrario: hoy la novela es novela de acercamiento. Ha triunfado la proxidina, la droga que acerca todas las cosas a sí mismas. Una autoestima exacerbada desalienta el trabajo, y el trabajo era lo que justificaba la novela que no era sólo la narración de una historia sino la construcción de la escena de una historia. Esa novela, de la que *The Black Arrow* fue el ejemplo que elegí, era una especie de maqueta con resortes, poleas, luces, telones que se deslizan, miniaturas dotadas de chips parlantes… La narración-construcción implicaba un trabajo, una artesanía que costaba trabajo: no era simplemente ponerse a contar algo.

Es notable que cuando se habla del trabajo del novelista, o mejor dicho cuando se habla del trabajo del novelista con conocimiento de causa, es decir cuando lo hace un buen novelista, se habla siempre en términos espaciales. Por ejemplo Truman Capote, en una entrevista de *The Paris Review*: «El único recurso que conozco es el trabajo. La creación literaria tiene leyes de perspectiva, de luz y de sombra… Si uno nace conociéndolas, perfecto. Si no, hay que aprenderlas, y luego reordenarlas a conveniencia de uno.»

Al existir el trabajo, la historia debía ser especialmente buena; lo exigía una razón básica de ahorro de energía, una razón casi biológica: al novelista se le iba la vida en el aprendizaje de un oficio tan difícil, y en la construcción de maquinarias tan complejas. Y que la historia fuera buena no quería decir sólo que fuera ingeniosa o novedosa o atrapante, ni mucho menos que tocara temas eternos como el poder o el amor o el nazismo, sino que tuviera el espacio y el volumen como para entrar sensorialmente en ella. En esta exigencia se agotaba, felizmente, la relación de la persona del autor con su obra. Hoy esa relación lo ha invadido todo, al punto del exhibicionismo, y el trabajo se ha desvanecido; si su reclamo se mantuviera, la carga libidinal de la autoestima se dispersaría. Hoy la novela fluye directamente del autor, sin pasar por la intermediación de la literatura; el trabajo que la respalda ya no es el de la escritura, sino el de la publicación.

Conclusión: hubo una vez una novela de hacer soñar y creer, volumétrica, autosuficiente, iluminada por dentro, una novela que promovía algo que podía llamarse «evasión». En la espacialidad intensa que creaba su textura, todas las cosas se alejaban. Como en el universo en expansión: un cuerpo elástico que se ampliaba indefinidamente, y cuyos puntos se separaban unos de otros. Un efecto conexo era que el lector se desprendía del tiempo, de lo que nació la calumnia de que la novela servía para matar el tiempo, o distraerse, o pasar el rato.

Esta novela era el fruto perfectamente inútil, lujoso, de una sinuosa evolución literaria, y posiblemente no estaba destinado a durar, porque dependía de algo tan precario como un delicado equilibrio histórico en el que los lectores todavía tenían la suficiente confianza en su lugar en la sociedad que podían permitirse el goce estético de distanciarse de sí mismos, porque sí, para verse desde lejos por un momento, para que la subjetividad no fuera la masa gelatinosa de contigüidades pegoteadas que llegó a ser. Además, no cualquiera podía escribirla: crear y sostener el andamiaje de la distancia exigía un largo aprendizaje y una técnica refinada, una orfebrería de precisión –pobremente recompensada–. El mercado del folletín, una producción a destajo de entretenimiento barato, en una determinada configuración social, habían sido el suelo del que crecieron los novelistas del XIX, y, en grado de superación dialéctica, Stevenson. Con él, la literatura se hacía cargo de la evasión en un nivel superior. Pero treinta años después de su muerte ya se pronosticaba su olvido. Chesterton respondía a la crítica de «externalidad» que se le hacía diciendo que esta objeción no era sino una derivación de lo que llamaba «la falacia de la internalidad»: es decir «la idea de que un novelista serio debe confinarse al interior del cráneo humano.» Sí, Stevenson era un hombre de la superficie, pero «lo psicológico no es menos psicológico porque salga a la superficie en forma de acción. Equivaldría,» dice Chesterton, «a decir que el delicado mecanismo de un reloj sólo existe cuando el reloj se para. Y creo que estos críticos considerarían la acción del reloj, haciendo girar sus manecillas, como una ofensiva muestra de gesticulación extranjera.»

Leyendo estas líneas de Chesterton se me ocurre que la buena crítica literaria es subsidiaria a una cierta exterioridad de la literatura. Sin un juego abierto de separaciones y recortes netos, todas las proximidades.tienden a parecerse y confundirse.

La mala prensa de la evasión, que no sólo fue la única prensa que tuvo sino que fue la única existencia que tuvo, nació cuando alguien supuso que la novela podía servir para crear en el lector un compromiso con los conflictos sociales o históricos del momento. Un compromiso emocional, que aclarara, o profundizara, la posición política o ética tomada racional o intelectualmente por la lectura de los diarios o los filósofos, o más en general por la experiencia.

La apelación a la experiencia se hacía, y se hace, en términos de redundancia. El realismo, o la alegoría, que es el realismo de los pobres, inició su prolongado reino, en tanto se hacía necesario para el reconocimiento, y a partir de éste sacar las conclusiones pertinentes. Con lo cual la literatura seria delataba su contemporaneidad con la emergencia de la cultura de masas, cuyo auge se dio paralelo a ella. El triunfo de la cultura popular en su forma actual, mediática, fue el triunfo de la redundancia, en la forma de la repetición y la obviedad. La novela del compromiso político-social pretendía redundar en la experiencia del lector, impedir su evasión y encerrarlo en el círculo del reconocimiento de sí mismo, en la toma de conciencia. En lo que Sartre llamó la «situación». Si en la esfera hermética de la «situación» se abría un agujero, se lo obstruía de inmediato, clásicamente con el dedo: el dedo de un obrero, seccionado por una máquina defectuosa en la fábrica donde era explotado.

La historia a veces funciona en el registro del cuento de hadas, como cuando el obrero de la realidad pierde un dedo en la fábrica, y llega a Presidente. Pero puede darse la inversa, como en la maravillosa *Bizarra* de Rafael Spregelburd,

el gran cuento de hadas de la literatura argentina, donde todos los estereotipos del audiovi-
sual de masas están vueltos en contra del reconocimiento. El episodio del dedo cortado no
podía faltar, y efectivamente lo pierde en los
engranajes y cuchillos de una máquina la protagonista, Velita, explotadísima obrera de frigorífico. Una de las protagonistas, porque la obra,
las doce obras que componen ese año de mila-
gros, es la saga de dos gemelas separadas al nacer, Candela y Velita. Su madre las entregó al
darlas a luz: a Candela a una familia rica, a Velita a una pobre, tras lo cual se marchó a Suecia,
donde triunfó como una de las cantantes de
Abba. Candela, ya adulta, se escapa de su casa, y
unos criminales muy ineficientes intentan ha-
cerles creer a sus ricos padres adoptivos que la
tienen secuestrada, y piden rescate. Los padre
piden a su vez una prueba de vida, y los falsos
secuestradores, que por cierto no la tienen en
su poder, les mandan el dedo que ha perdido en
los engranajes de una máquina defectuosa la
joven obrera del frigorífico, que es Velita. Sometido a un análisis de ADN, el dedo revela ser
de Candela, aunque no lo es: las gemelas, que

no saben que lo son ni se conocen ni sospechan siquiera de la existencia de la otra, comparten el mismo paquete genético, en los dos extremos de la escala social.

La construcción de *Bizarra*, colectiva en la creación por su origen teatral, recuperó en el libro la unidad de «trabajo múltiple» que observé en la novela de evasión. La espacialidad, la escena, estaba dada de antemano por el teatro, y dentro de la espacialidad el recorte de las figuras, acentuado por la duplicidad actor-personaje. Cuando los críticos se preguntaron de dónde le venía a Stevenson el gusto por lo neto y definido de sus superficies, lo encontraron en el teatrito de siluetas de cartón pintado, común en la Escocia de su infancia. Refutando el descaminado acercamiento hecho por un crítico entre Stevenson y Poe, Chesterton compara el cuervo de este último con el loro en el hombro de Long John Silver en *La isla del tesoro*. El cuervo es un trozo de noche en la noche, una mancha de oscuridad que se difumina en el presentimiento y el terror. Mientras que el loro, con sus colores vivos y su palabrerío chistoso, permanece insoluble e inocultable sobre el fondo marino de luz ácida, de cristal. Refinada hasta adaptarse a las ramificaciones más complejas de la imaginación, la construcción del teatro sigue siendo el modelo del recorte de figuras y su ubicación en una escena a su vez recortada también en la luz, el sonido y las perspectivas cambiantes.

La superficie, después de todo, es el camino más disponible para un buen escape, y es con superficies como se construyen volúmenes habitables. Pero se diría que en algún momento hubo una divisoria de aguas, y la evasión que era el emblema de la novela quedó a cargo de la mala literatura. La buena se hizo cargo del discurso, no sólo el que le hace de cuerpo a la novela, ahora un cuerpo lineal sin volumen, sino el que la justifica, sobre todo ante lo injustificable y gratuito de la novela de evasión.

Hoy nadie habla de literatura «comprometida». No habría con qué comprometerse. Pero quedó el mecanismo, y la novela buena, o seria, siguió pegada a sí misma, negándose a la evasión. La privatización del conflicto social, su internalización en forma de psicología, autobiografía, autocomplacencia, dejó al tiempo como única herramienta operable. Y como del tiempo nadie se escapa, y al tiempo lo representa el discurso, la construcción llegó a su fin y nos quedamos sin buenas novelas.

UN DISCURSO BREVE

De niño, yo atesoraba lo que no entendía, lo que quedaba sin explicación, la gema rara que brillaba en medio de la ganga trivial de lo claro y sabido. No fui el único. Hay un instinto que conduce a los niños a lo inexplicable, supongo que como parte de su proceso evolutivo. Quizás hoy a los niños se les explican demasiadas cosas, se los estimula a entenderlo todo y se les dan los instrumentos para responder al instante a sus preguntas. Esta actitud también puede ser parte de un proceso evolutivo de la sociedad, destinado a impedir la reproducción de soñadores improductivos. Esas salvaguardas no se habían alzado en el tiempo y el lugar donde pasé mis primeros años: un pueblo de gente de campo a la que lo último que se le hubiera ocurrido habría sido estimular a sus hijos al conocimiento, más allá de mandarlos a la escuela y dejar que se las arreglaran solos en ella. Puedo decir que me dejaron en paz perseguir mis misterios, que no tenían nada de trascendentes. Misterios a mi medida, que no comentaba con nadie por temor a que lo develaran y perdiera su deliciosa oscuridad. Recuerdo que en una revista había una publicidad de un jabón, del que se decía que era el que usaban nueve de cada diez estrellas de Hollywood. Yo empezaba sintiéndome escandalizado de la crueldad de los redactores de esa publicidad, de poner en evidencia a esa pobre mujer, la número diez, denunciarla de un modo tan público a la vez que solapado. Es cierto que no decían su nombre, pero las otras nueve harpías lo sabrían, lo mismo que todo el implacable mundillo de chismorreos de Hollywood. En el cine, trataba de adivinarla en las actrices, trataba de ver más allá del personaje que interpretaba su verdadera personalidad de rebelde. La buscaba entre las actrices secundarias, inclusive entre los extras: la exclusión discriminatoria de la que era objeto por culpa del maldito jabón hacía improbable que le dieran papeles estelares. Pronto me cansé de compadecerla. Razonaba así: si ella tenía la fuerza de carácter para resistirse a usar ese jabón que usaban todas las demás, también podría resistir y vencer la malevolencia que se le dirige al que muestra el valor de ser distinto. Me identificaba con ella, esa rebelde amazona desconocida y sin nombre. Yo también me creía distinto. En medio de chicos que buscaban desesperadamente certezas; yo buscaba enigmas que no tuvieran respuesta, era un connaisseur de lo desconocido. Mucho después me enteré de que no era tan original. Leí en alguna parte que uno de los héroes de mi juventud, John Cage, en su infancia apreciaba sólo lo que no entendía, y descartaba lo que entendía como banalidades indignas de un niño inteligente. Yo no era tan radical, porque me di cuenta pronto de que la vía regia a la lejanía y el misterio era lo que tenía más cerca, entregado a mi vista y mi comprensión. Mis investigaciones me llevaron a los libros, y la lectura se volvió mi ocupación favorita, desde entonces y para siempre, hasta hoy. La lectura fue y sigue siendo inagotable en el don de otros mundos, pero también estuvo habitada por una nostalgia. Porque inevitablemente la lectura asidua terminó convirtiéndome en ese personaje banal que es el Hombre Culto, el hombre de las respuestas, siempre al borde de convertirse en el aburrido sabelotodo. Los libros me aclaraban cuestiones que yo habría preferido mantener en un suspenso de oscuridad: progresivamente iban desvaneciéndose los enigmas; eso también les pasó a muchos. Recuerdo que una poeta decía la tristeza que había sentido cuando la palabra «cartílago» dejó de ser lo que ella había creído durante toda su infancia: un caballero con una armadura de acero con la espada desenvainada en lo alto de un acantilado, y a merced de su creciente información se transformó en un pedestre tejido en el cuerpo del hombre y los animales. Fui un lector doble, y me pregunto si no serán dobles todos los lectores, si la disociación de mundos en la que consiste la lectura no es lo normal. Pero mi duplicación fue particular: por un lado buscaba la distancia del hermetismo, para generarme nuevas perplejidades: surrealistas, gongoristas, oscuros filósofos que eran para mis oídos como un rumor disonante de la lengua de los pájaros. Ni siquiera retrocedía ante libros en idiomas que conocía poco y mal, para provocarme el delicioso escalofrío de lo incomprensible. Pero había otra vertiente, en la que el distanciamiento encontraba su límite en la cercanía, o contigüidad, de la identificación masiva con lo humano, demasiado humano, del viejo realismo. Las novelas de piratas, mosqueteros y buscadores de tesoros se continuaron en Zola, en Dickens. Allí encontraba otro nivel de misterio, refinado, transfigurado, por transfigurador de lo real. Balzac era más misterioso que Mallarmé, porque me devolvía al misterio de mí mismo, a mis deseos y ambiciones y temores. La oscuridad se escondía en la claridad, había que extraerla de los hechos cotidianos, como un malentendido. Por eso cuando la lectura cristalizó en escritura también hubo una duplicidad, inerradicable. El vanguardismo esotérico al que había aspirado oyendo el *Pierrot Lunaire* o a Cecil Taylor se quedó a medio camino, injertado en lo viejo, que es lo que se lee, mientras que lo nuevo está ahí para escribirlo. Conservé lo viejo por lealtad a la lectura. Lealtad y gratitud, porque algunos tenemos mucho, o casi todo, que agradecerle. Una de mis citas favoritas es una frase de Fontenelle, «No hay pena que se resista a una hora de lectura». En realidad no es siquiera necesario tener una pena para experimentar el poder consolatorio de la lectura. Pero esa hora no se da gratis y sin más, con sólo abrir un libro. Hay que hacer un largo aprendizaje para traerla de muy lejos, de las primera lecturas cuando nos parecían un milagro, para efectuar el milagro nuevo de una tregua en el proceso de resolución de problemas y persecución de objetivos en los que consiste la vida adulta. Creo que Fontenelle se refería a la lectura hedónica y sin propósito, la misma de la que se jacta todo buen lector, aunque mienta. Si se lee por placer hay que obedecer a las leyes del placer, la primera de las cuales, y la única, es la ley de la libertad. Libertad de los condicionamientos en que se encierra a la lectura, en sus utilidades: instruir, informar, refinar el gusto, estimular la reflexión. El placer de leer puede prescindir de todo eso, en un nihilismo feliz. Ahora bien, el nihilismo es un camino sin retorno, y la libertad que se le otorga al placer puede tomar caminos imprevisibles. Uno puede hacer cosas tan blasfemas como cansarse de Shakespeare, de Kafka, de Henry James, y ponerse a leer novelas policiales. Tal cosa es menos infrecuente de lo que se confiesa (doy fe). Tiene sentido que la lectura elegida en ese caso sean las novelas policiales. Quien se ha pasado la vida leyendo a los clásicos, antiguos y modernos, ha vivido bajo el signo de la relectura, que está implícita, se la haga o no, en toda buena literatura. Hay una duplicación del tiempo en la lectura, la necesidad del segundo punto con el que establecer la perspectiva y adjudicar el valor. La novela policial es por excelencia lo que no se relee, ya que es su propio spoiler, y el lector se saca de encima esa duplicidad temporal que constituye a los clásicos. Pero el juicio de valor, aun sin la perspectiva que le da la relectura, es inevitable. Le pedimos calidad hasta a la lectura menos pretenciosa; de hecho, a ésa se la pedimos más que a otras, porque no viene certificada de antemano. Aficionado como soy a las novelas policiales, y agradecido como estoy al denso olvido que me proporcionan, las juzgo con severidad. A Agatha Christie la encuentro pesada, a Margery Allingham la admiro sin reservas pero por momentos lamento que fuerce la nota moralista. Y con Dorothy Parker tengo un conflicto de lealtades: no comprendo por qué Borges no se cansaba de hablar mal de ella. Edmund Crispin no se esfuerza lo suficiente, John Dickson Carr se esfuerza demasiado. Simenon entra en la categoría de genio, pero tiene el defecto de no ser el seudónimo de un profesor de Oxford. Y cuando algo me gusta en exceso, como me está pasando recientemente con Lee Child, tengo que preguntarme con severidad: ¿es realmente tan bueno como me parece? El juicio tendrá que ser instantáneo, hecho sobre la marcha, con el mismo suspenso y la misma resolución brusca de la que trata el texto. De todos modos, la apreciación del valor literario es inevitable. Aun extraviado en los absorbentes laberintos del crimen cuando lo único que me importa es saber quién de los sospechosos resulta ser el asesino, me sigue importando que sea buena literatura. Parece inconsistente pedirle calidad literaria a las lecturas que se hacen por puro placer, después de que uno se ha desprendido de pretensiones culturales, y sin embargo es imposible no pedírselo. Los libros nunca son libros a secas: siempre son buenos o malos, o algo dentro de la extensa gama intermedia. La literatura, en cualquiera de sus géneros y formatos, está ahí para ser juzgada. La calidad no es un color más que se le aplica cuando los materiales ya están en su lugar, sino uno de los elementos constitutivos, el verdadero argumento del texto, más allá del aparente. Más que un elemento constitutivo, yo diría que es el elemento generador; si no hay una promesa de excelencia no vale la pena empezar siquiera. Eso me ha llevado a pensar que la calidad ya está anticipada en la literatura; en realidad, no podría ser de otro modo, tratándose de una actividad sin ninguna función que la justifique ante la sociedad; necesitada de ser buena para existir, tiene que disponer en sus premisas de los instrumentos para serlo. Tengo al respecto una teoría, que no creo que nadie vaya a aprobar, pero ya he dejado de buscar consenso. Me la sugirió un viejo libro de una psicoanalista argentina, Isabel Luzuriaga, que propone que la inteligencia puede actuar contra sí misma y sabotearse desde adentro. La autora era una especialista en niños con problemas de aprendizaje, y había notado una situación paradojal en sus pequeños pacientes. En los niños el aparato cognoscitivo está preparado y predispuesto a absorber los conocimientos, de un modo natural, se diría biológico. Los niños aprenden sin proponérselo especialmente, les es difícil rechazar el saber que va hacia ellos. De modo que el niño que no aprende debe hacer un esfuerzo especial para no incorporar los conocimientos, debe poner en juego una inteligencia superior a la del niño que aprende, para obstaculizar lo que su constitución física y mental le ofrece irresistiblemente. El motivo por el que hace esto está en traumas o inhibiciones que la psicoanalista estudia y que pueden ser discutibles, pero el mecanismo en sí parece muy plausible. Tanto que se lo podría llevar a otros terrenos, y el de la literatura es un terreno fecundo para esta clase de transportes. Podría decirse que el escritor está predispuesto naturalmente a escribir bien, porque su oficio, la literatura, necesita de la calidad para existir; la literatura no sirve para nada que no sea ofrecer el placer que produce, y este placer está asociado al juicio de calidad que hará el lector, como antes lo habrá hecho el autor. Luego, el escritor sin hacer ningún esfuerzo especial, dejándose ir naturalmente en el impulso inicial, escribirá bien. Hará algo bueno si se entrega a la literatura, a los mecanismos de supervivencia que tiene la literatura para no extinguirse en un mundo que no la necesita. En un mundo donde todo debe cumplir una función, la literatura, consciente de su inutilidad, sabe que su única chance de persistir es producir placer y admiración. De ahí que se las haya arreglado para que todos los que la practiquen lo hagan bien. Para escribir mal en cambio el escritor deberá penetrar en esos mecanismos, de modo de poder trabajar en contra de ellos, y si quiere hacerlo necesitará una perspicacia y un empeño heroicos. Pero conociendo la indolencia característica del escritor, su psicología del menor esfuerzo, lo más probable es que seguirá su tendencia natural y escribirá bien. Ése es el motivo de que haya tan pocos escritores malos y llamen tanto la atención cuando aparecen, aunque esos cisnes de gran rareza aparecen poco, porque son expertos en el ocultamiento. No es que yo esté haciendo el elogio, ni siquiera irónico, del mal escritor. En todo caso haría la defensa del escritor no bueno, en vista de que, como pasaba con las actrices de Hollywood, nueve de cada diez escritores usan la buena literatura, y los libros bien escritos son la marea que inunda las librerías y que es tan eficaz para quitarle a uno las ganas de leer. El automatismo de escribir bien provoca un desaliento al que combatimos de distintos modos. Por supuesto, nadie quiere escribir mal, porque está mal visto, además de que exigiría un esfuerzo sobrehumano, mal pago. El otro modo, que es el que se acepta en general, es el de escribir «mejor». A eso nos dedicamos en definitiva los escritores, y con esta dedicación introducimos en nuestro trabajo el factor Tiempo. A la impasse de lo bueno y lo malo la ponemos en movimiento con la experiencia y el aprendizaje. De ese modo completamos la dualidad clásica de Vida y Obra. Esta cuestión de la Vida y Obra la resumió Felisberto Hernández, con melancólico humor uruguayo, en una frase que me persigue hace años: «Cada vez escribo mejor», dijo, «lástima que cada vez me vaya peor». Lo primero era solamente programático, lo segundo sombríamente realista. Es difícil para un escritor ser objetivo cuando se trata de su obra, ya que el juicio no puede hacerlo sino con el mismo instrumento con el que la escribió. Pero es bastante previsible que se pueda escribir mejor, ya que en una actividad que se practica a lo largo de los años sería difícil no adquirir en forma creciente alguna habilidad. A escritor todo le sirve para aprender, porque la literatura puede aprovechar hasta el menor accidente de la experiencia, incluidos los no experimentados. Y, lo que es más importante, el aprendizaje le sirve, porque siempre está a tiempo de escribir algo más. En la Vida también se aprende, casi no se hace otra cosa que aprender, pero el aprendizaje no sirve porque la oportunidad de poner en práctica lo que se aprendió, oportunidad que no es otra cosa que la juventud, ya quedó atrás. La objetividad que tan raramente asiste al escritor para evaluar su obra, viene servida en bandeja de plata cuando se trata de evaluar su vida. Felisberto tenía motivos para justificar las dos cláusulas de su afirmación. Su largo y lento aprendizaje de escritor culminó con la muerte y una obra maestra inconclusa. Y por otro lado su vida de músico ambulante, su pobreza, su neurastenia y sus cinco esposas sucesivas explican por qué dijo lo que dijo. Y entre los dos términos también hay una relación causal, porque uno de los elementos que empeoran la vida, aun para los que no son músicos ambulantes o han tenido cinco esposas, está el esfuerzo por escribir mejor, que nos ensombrece la existencia con la insatisfacción, las dudas, el temor a haber tomado un camino equivocado. ¿Por qué nos torturamos así? ¿Por qué no nos conformamos con el simple Escribir Bien que se nos da naturalmente? Los lectores se conformarían con lo que nos sale más fácil. No sólo se conformarían sino que lo apreciarían más, porque ese producto entraría en el paradigma de lo esperable y convencional, que es lo que querían leer, y no los textos cada vez más raros que nacen de la intensificación que comporta la busca de lo Mejor. En cuanto a los críticos, lo más probable es que los irritemos por sacarlos de su rutina y crearles complicaciones. ¿Quién nos mandó a querer escribir mejor? ¿Por qué no escribimos novelas comunes y corrientes, como todas las demás? Nos ponemos a todo el mundo en contra, y sin embargo persistimos en ese trabajo que se hace cada vez más difícil y nos hace más difícil la vida. Creo que hay una razón para que hagamos algo tan injustificadamente masoquista. La vida va empeorando paulatinamente, las trampas que nos tiende se van haciendo más barrocas, y necesitamos habilidades nuevas y más perfeccionadas para dar cuenta de ella. Es un compromiso creciente que crea un círculo vicioso. Tanto va empeorando la vida que debemos hacer más y más para redimirla en la Obra. Y cuanto mejor escribimos peor nos va, porque en el trabajo perdemos más y más oportunidades de felicidad, y lo Mejor no alcanza nunca a lo Peor, como la carrera de Aquiles y la tortuga. El tiempo es el telón de fondo contra el que se representa esta comedia. No puede asombrar que el tiempo, a pesar de ser la más deprimente de las categorías mentales, esté en el centro de los intereses del escritor. Nuestro trabajo, que no necesita capital ni mano de obra, es tiempo-intensivo, no sólo por el tiempo que lleva escribir sino porque de un modo u otro el tiempo termina siendo el tema del que se trata. Es en vano negarlo: su triunfo está asegurado de antemano porque cualquier batalla que se libre contra él se dará dentro de él. Cuando Borges intentó una Refutación del Tiempo, la dio por nula ya desde el título, al calificarla de Nueva. Y no todos, o mejor dicho casi nadie, tiene el virtuosismo de Proust en el manejo del tiempo, que perdió durante toda su vida de snob ocioso, para recuperarlo en su obra, intacto y sin uso, prístino como un buen diamante en el que se reflejaban todos los colores y aromas de los años en los que se lo ignoraba todo y el mundo era un tesoro de enigmas. Cuando el protagonista de su libro ofendió inocentemente a una condesa al decirle que su casa es tan hermosa como una vieja estación de tren, no sabía, que no lo puede saber un niño, que la comparación que estaba haciendo era inadecuada, y que nada podía gustarle menos a una condesa que su casa evocara una vieja estación de provincia. Pero él estaba dejando una señal para cuando lo supiera, como los niños dejan piedritas en el camino del bosque, para orientarse en el camino de regreso en el tiempo, cuando escribiera, por lejos que lo hubiera llevado ese tren en la noche. Opuesto a Proust en su estrategia con el tiempo, el Dr. Johnson escribió en su juventud y dejó de hacerlo cuando empezó a cobrar la pensión que le otorgó el rey. Lo dijo famosamente: «El que escribe por otro motivo que el dinero es un idiota». Se dedicó entonces a perder el tiempo en las tabernas y en el salón de la señora Thrale, rodeado de un selecto público que registraba todo lo que decía sin atreverse a contradecirlo por más excéntricas que fueran sus afirmaciones. Una de las más radicales, según el fidedigno Boswell, fue que todo lo que hace el hombre a lo largo de su vida, la guerra, el amor, el trabajo, el placer, lo hace sólo para ocupar el tiempo, y por ningún otro motivo. Pero los motivos así excluidos son todos los motivos por los que hacemos las cosas, y si aplicamos al escritor la exclusión johnsoninana, encontraremos al dandi supremo que se habrá sacado de encima todas las motivaciones tradicionales de su trabajo: el compromiso con su sociedad y su tiempo, el testimonio de su experiencia, la crítica a los males del mundo, la expresión de su ser interior, y todo el resto de la quincalla que tanto ha pesado sobre su paz espiritual. Para él sólo existiría un tiempo que sin su trabajo quedaría vacío, un tiempo que hay que ocupar, como se ocupa, después de un largo asedio, la ciudad de los sueños.

RAYMOND ROUSSEL.

LA CLAVE UNIFICADA

Explicar una vez más el famoso «Procedimiento» de Roussel es tiempo perdido; por clara que sea la explicación, volverá a quedar un malentendido. Roussel es la torre de Babel de sus intérpretes y estudiosos. De algún modo se las arregló para hacer que todos hablen idiomas distintos. Cada artículo que se escribe sobre él podría llevar por título: «Los errores más frecuentes que se cometen al hablar de Roussel». El precio que se paga por creer haberlo entendido es creer que el otro, cualquier otro, lo entendió mal. Esto sí es explicable, parcialmente al menos: un escritor único, que no entra en ninguna de las categorías en las que se clasifican los demás escritores, sigue siendo único en la recepción, es decir vuelve único al lector, que se siente separado de todos los demás lectores por el abismo del error. Algo parecido sucede cuando el diálogo no es ya entre expertos sino entre el que sabe, el que ha dedicado años y pasión a la lectura de Roussel, y el que no sabe y querría saber: la distancia entre ambos es excesiva. Los rousselianos sabemos demasiado sobre Roussel; hay demasiada erudición construida a su alrededor, y lo leemos todo, lo incorporamos todo al corpus, porque todo es pertinente, dada la calidad de Mundo que tiene Roussel y su obra, calidad que este hecho precisamente confirma. El que quiere entender el Mundo deberá hacer a un lado la categoría de lo pertinente, porque todo lo es, y es eso lo que lo hace Mundo. «El que no sabe y querría saber», por su parte, en realidad no quiere saber sobre Roussel, sino sobre los que saben: por qué un autor menor y excéntrico suscita una pasión tan pertinaz en sus pocos y excéntricos lectores, por qué no se ponen de acuerdo en localizar sus méritos.

Aun así, la tentación de volver a explicarlo se hace irresistible, quizás no sólo por motivos psicológicos sino por una condición inherente a la obra, que exige la multiplicación de lo único en el seno del malentendido. Volver a explicarlo tiene algo de prueba de laboratorio. El resultado de la prueba no puede ser otro que sacar a luz un error más, y a partir de él sacar a luz la curiosa propiedad de los errores sobre Roussel de no ser errores.

Pues bien, uno de los errores más frecuentes cuando se habla de Roussel es confundir su Procedimiento particular con el procedimiento en general. Un procedimiento es un método para generar argumentos narrativos, historias. También podría haberlos para generar argumentos de otro tipo, poéticos, científicos y hasta filosóficos; pero en el fondo siempre serán relatos. Ese método podría consistir en extraer palabras al azar del diccionario, o de un sombrero, y armar una historia que vaya de la primera palabra a la segunda, de la segunda a la tercera... Si la primera palabra que salió de la galera es «cuchara», la segunda «mercurio», la tercera «bacteria», la historia podría ser sobre un juego de platería en el palacio del rey de un país cuyo principal producto de exportación es el mercurio, y una cuchara de esa platería durante una cena aparece con una extraña marca... y de esa marca sale la fórmula para crear una bacteria que se alimentaría de mercurio y llevaría a la ruina al país...

Improviso un ejemplo cualquiera, indigno de las luminosas invenciones de Roussel, pero al mismo tiempo perfectamente apto en tanto el azar que preside esta clase de construcciones neutraliza las categorías habituales del juicio. (De ahí que no haya que apresurarse a contradecir al que opine, después de leerlo, que Roussel es un gran escritor, o uno mediocre, o uno malo.) El procedimiento podría ser cualquier otro, usando imágenes recortadas de revistas, o mezclando titulares del diario. No necesita ser muy creativo o rebuscado, basta con que sirva al propósito de poner el azar al servicio de una formación lingüística cualquiera, que luego la honestidad del escritor (la honestidad de buen jugador, que no hace trampas) usará para crear una historia. (O haciendo trampas, lo mismo da.) Como se ve por el ejemplo anterior, el de la cuchara y el mercurio, el procedimiento no da la historia hecha sino los elementos con los que hacerla, y con los mismos elementos se podrán inventar historias distintas, mejores o peores según quién las haga. Roussel lo tenía claro: «así como con las rimas pueden hacerse buenos o malos versos, con este procedimiento se pueden hacer buenos o malos libros».

La alternativa a usar un procedimiento es inventar historias como se lo ha hecho siempre, sacándolas de la imaginación o la memoria, o de las infinitas combinaciones, en diferente proporción, de imaginación y memoria (y, habría que agregar, deseos conscientes e inconscientes, rencores, afinidades, antipatías, ideologías, y todo el resto de la panoplia psicológica). Si siempre se lo hizo así, y todas las obras maestras de la literatura (menos las de Roussel) se hicieron así, ¿por qué innovar? Ya el mero hecho de que sea lo que hacen todos, y que se lo haya hecho siempre así, es un buen motivo para intentar algo distinto. Mediante el procedimiento el escritor se libera de sus propias invenciones, que de algún modo siempre serán más o menos previsibles, pues saldrán de sus mecanismos mentales, de su memoria, de su experiencia, de toda la miseria psicológica ante la cual la maquinaria fría y reluciente del procedimiento luce como algo, al fin, nuevo, extraño, sorprendente. Una invención realmente «nueva» nunca va a salir de nuestros viejos procesos mentales, donde todo ya está condicionado y resabido. Sólo el azar de una maquinación ajena a nosotros nos dará eso nuevo.

«Ajena a nosotros»… a medias. Porque el procedimiento, como dije, nos da las piezas del rompecabezas, pero nosotros debemos armarlo. De todos modos, un efecto de esta ajenidad es que, bien usado, el procedimiento genera una historia tal que el lector se preguntará: ¿cómo se le pudo ocurrir? La respuesta reconduce a las explicaciones del Procedimiento, pero la pregunta ya es elocuente de por sí. Quiere decir que sólo se nos puede ocurrir lo predeterminado por nuestra historia, mentalidad, medio, época, etcétera. Las formaciones que propicia el procedimiento, en cambio, están libres de esos condicionamientos.

(Estos razonamientos admitirían, me parece, una objeción de segundo grado. Si el procedimiento sirve para darnos una historia que a nuestra limitada capacidad de invención le estaría vedada… los hechos reales de nuestra vida, de nuestra biografía, ¿no nos están dando los mismos elementos, independientemente de nuestra imaginación o capacidad de inventar? Dicho de otro modo, nuestra vida, lo que nos pasó o pasó en nuestra familia y entorno, ¿no es tan objetivo como el azar?)

Dicho todo lo cual, digamos que el Procedimiento que usó Roussel fue uno entre todos los que podrían usarse. Consistía en el hallazgo y desarrollo de frases inesperadas, provenientes de homonimias, deformaciones, segundas y terceras acepciones, toda clase de juegos de palabras a los que tan bien se presta el francés. Por ejemplo, tomaba una frase hecha cualquiera, *demoiselle à pretendent* (señorita con pretendiente), y la sometía a variaciones homofónicas que daban *demoiselle* (pilón) *a reitre* (una clase de soldado alemán o centroeuropeo) *en dents* (hecho con dientes). La historia que nació de estos tres elementos fue la de un pilón modificado que componía con dientes un mosaico representando a un soldado. Hacerlo verosímil, sin dejar cabos sueltos, lo obligó a la invención de una complicadísima máquina, varias historias colaterales y las consiguientes digresiones científicas, todo lo cual ocupa treinta densas páginas de *Locus Solus*. No vale la pena demorarse en la descripción del Procedimiento de Roussel, que él mismo hizo en su libro testamento, *Cómo escribí algunos de mis libros*. Podría haber sido cualquier otro procedimiento. Éste suyo era evidentemente el que le resultaba más productivo, pero quizás sólo porque no encontró otro, o no le interesó buscarlo. De modo que es un error de los estudiosos de Roussel (y éste sí, el más frecuente) encarnizase en la descripción del Procedimiento, y prácticamente limitar a esta descripción la interpretación y apreciación de su obra.

Y sin embargo... Aquí es donde se prueba que los errores que se cometen con Roussel tienen la curiosa propiedad de dejar de ser errores. Porque hay un punto en que la diferencia entre general y particular se desvanece: el único escritor que usó un procedimiento para generar historias fue Raymond Roussel y el único procedimiento que se usó nunca fue el suyo. De modo que el error de confundir procedimiento general con procedimiento particular se transforma en el error de distinguirlos.

El procedimiento sirve sólo para generar el argumento. Luego, una vez escrita la historia, el procedimiento desaparece, queda oculto, es tan pertinente a la lectura e interpretación de la obra como que el autor haya usado tinta azul o tinta negra para escribir, o cualquier otro dato desprovisto de la menor importancia para entender o juzgar el texto, o para disfrutarlo. En ese punto se equivoca Foucault en su libro sobre Roussel, al decir que quien no sepa francés, y por lo tanto no capte los juegos de palabras subyacentes a las historias, perderá algo en la lectura de Roussel. Me parece un grave error de su parte. El procedimiento es una herramienta del autor (de Roussel, porque no hubo otro), y al lector no le concierne. Una herramienta que le permitió encontrar las historias más extrañas, las invenciones más raras y sorprendentes, ésas que a él jamás se le habrían ocurrido si se hubiera confiado en su propia invención. Luego, traducir a Roussel no sólo es posible sino conveniente, y leerlo en traducción a otra lengua (al menos en sus obras en prosa, es decir las hechas según el Procedimiento) es el único modo de apreciarlo plenamente, en tanto al sacarlo del idioma en que nació se consuma el ocultamiento de la génesis.

Un biógrafo y estudioso, Mark Ford, dice de las *Impresiones de África*: «cada episodio… pone en práctica una adivinanza lingüística»; y más adelante habla de «los acertijos narrativos que genera el procedimiento». Es el mismo error que cometen casi todos los rousselianos. Esos acertijos los resuelve el autor, no el lector. Los resolvió Roussel, y la resolución dio por resultado sus novelas, ofrecidas al lector como pura lectura, como lectura de novelas de Julio Verne, ni más ni menos. Ahí el error frecuentísimo de los hermeneutas deriva de una confusión o contaminación de las figuras del lector y el escritor. El procedimiento es un procedimiento de escritura, no de lectura, y toda su eficacia se revela ante una lectura de lector puro, infantil, sin vestigios de escritor.

Ésa fue la lectura que se hizo de sus libros mientras él vivía. La revelación del mecanismo generativo la dejó escrita para que se publicara después de su muerte. Antes, nadie sabía de la existencia del Procedimiento, y creían de buena fe que esas fantásticas invenciones salían de su cabeza. Y salían realmente, porque el Procedimiento es apenas una herramienta descartable que sólo funcionó en manos de Roussel. Pero la obnubilación que produjo la revelación del Procedimiento hizo que ya nadie pudiera leerlo con la debida admiración, la correcta admi

ración del lector puro; se interpuso el conocimiento de la maquinaria de invención.

Pero habría que examinar esa admiración. Para
aquellos lectores, los que lo leyeron mientras él
vivía, los lectores entre los que Roussel buscó el
elogio (y lo buscó patológicamente) ¿qué era su
obra? Deducirlo a partir de los datos disponibles
es un ejercicio de lectura retrospectiva, uno de
los tantos ejercicios que impone la interpretación de su obra, y que automáticamente llevan
de la lectura a la escritura. Esto explicaría por
qué se escribe tanto sobre Roussel, y por qué
sus admiradores más entusiastas son escritores;
los lectores en tanto lectores suelen sentirse per-
plejos ante ese entusiasmo, y ante la obra. Roussel la proponía como un equivalente de sus autores favoritos, Julio Verne, Pierre Loti. Para la
clientela de estas lecturas, lo que se le proponía
era un poco demasiado «raro», aun en su narra-
tiva (las dos novelas y las dos piezas teatrales), no
digamos en su poesía descriptiva, y mucho menos en las *Nuevas impresiones de África*, con el
juego de los paréntesis. Pero fue leído y admira-
do, aunque no siempre por quienes él habría
elegido; por ejemplo los surrealistas, de cuyos

elogios tenía motivos para sospechar, porque lo ponían en el rubro de las recuperaciones de extravagantes curiosos, ingenuos o locos, como Brisset.

De los testimonios que han quedado de lecturas contemporáneas de Roussel, previas a la revelación del Procedimiento (las de Montesquiou, Breton, Raymond Queneau y otros), la más aguda es la que hizo un escritor argentino, José Bianco, en un artículo aparecido en el suplemento literario del diario *La Nación* de Buenos Aires, en marzo de 1934, un año antes de la aparición de *Cómo escribí algunos de mis libros* (y meses después de la muerte de Roussel en Palermo, dato que aparentemente Bianco desconocía).

Bianco, por supuesto, se asombra ante la extrañeza de esta obra, extrañeza que adjudica a un agente vago y servicial como es la «fantasía»: «el sueño mágico que es la fantasía de Roussel». Pero a esa «inagotable fantasía», intuyendo la existencia de algo oculto, Bianco la hace administrar por Roussel «con rigurosa lógica de demente», o con «una exasperante meticulosidad de ingeniero». Postula dos fases: la fantasía creadora, onírica, cósmica, y luego una estricta y vigilada racionalidad para transmitir esa fantasía. Lo compara con Daisy Ashford, la niña autora de *The Young Visiters*, por la lógica que exige el niño, pero también por la gratuidad de sus invenciones. «Sabios y fascinantes juegos de niños», dice, y a la población de sus novelas la describe como «una atrayente utilería infantil».

Bianco, fino lector, adivina oscuramente el suplemento oculto en la obra de Roussel, ese Procedimiento que se revelaría un año más tarde. «Es necesario un terrible talento para hacer soportable un poco de genio», dice en su artículo. De ese «poco de genio» no puede decir nada, ya que es la invención de un modo distinto de crear; el «terrible talento» es lo visible, la laboriosidad espantable del niño o del loco para salirse con la suya.

Más cerca todavía del secreto está Bianco en este elogio: «Todo escritor resulta indigente si se lo compara con Roussel, las mismas elucubraciones de Poe tienen algo de monótonas, de limitadas...» Esta última palabra acierta más allá de lo que se propone. En efecto, tanto Poe como cualquier otro escritor están limitados por su poder creativo personal, su imaginación, su inteligencia. Roussel, al utilizar un mecanismo movido por lo ilimitado del azar, puede operar con una latitud sin fronteras personales. (Eso también lo entrevió otro adelantado, Raymond Queneau, que en 1933 dijo «Roussel crea mundos con una potencia, una originalidad, una inspiración, de la que hasta hoy Dios creía tener la exclusividad.»)

Bianco acerca a Roussel y Proust: «idéntica ociosa y magnífica gratuidad». Jean Cocteau, que coincidió con Roussel en una clínica de desintoxicación, lo acerca también a Proust, por su aspecto físico: ambos provenían del mismo medio, dice, habían tenido educación y experiencias equivalentes, se movían entre la misma gente. El acercamiento es intrigante; se diría que no podían haber tomado caminos literarios más divergentes. Proust eligió los límites biográfico de su experiencia y su sensibilidad, y los hizo estallar desde adentro; Roussel, el más impersonal y menos autobiográfico de los escritores llegaba por el camino opuesto a la misma «ociosa y magnífica gratuidad».

Pero donde José Bianco más se acerca a la adivinación del Procedimiento es donde se refier a la dificultad de hablar sobre Roussel: «Sobre Roussel es imposible escribir. Por encima de la literatura, está más allá de la crítica. Debo reducirme a una serie de fatigosos balbuceos de entusiasmo, cual ésos que lanzan ciertas mujeres delante de las obras de arte, cuando no encuentran un argumento valedero que pueda explicar razonablemente su admiración». Es cierto, nada puede ser más difícil que expresar el placer estético cuando éste, en palabras de Hegel citadas por Breton a propósito de Roussel, «depende exclusivamente del modo en que la imaginación se pone en escena, y en que no pone en escena otra cosa que a sí misma». La obra de Roussel hace insalvable esta dificultad, pero ahí está el recurso de volver a explicar el Procedimiento para sortearla.

Podemos preguntarnos por qué Roussel reveló el secreto de su procedimiento. ¿Habrá sospechado que era su mejor creación, la creación de las creaciones, y que era lo único que podría darle la gloria que anhelaba, y que quizás había empezado a sospechar que no le darían sus libros? Hizo la revelación en el libro *Cómo escribí algunos de mis libros,* preparado por él para su edición póstuma; es una recopilación de textos juveniles, inéditos, esbozos de novela. Antecedido por la revelación propiamente dicha, que es el único texto «normal» que escribió Roussel, su «busca del tiempo perdido», un relato psicológico, biográfico, ajeno a todo procedimiento o método. Quizás la explicación de esta maniobra póstuma es simplemente que existía un secreto, y el Activo de un secreto es su revelación. No todo escritor, o ningún escritor, tiene un secreto que pueda ser revelado limpiamente, como el suyo, en veinte páginas. Un secreto que aunque intuido o sospechado, se había mantenido secreto para todo el mundo.

La decisión quedó bajo la enseña de la obligación moral o profesional: «me parece que es mi deber revelarlo, pues tengo la impresión de que escritores del futuro podrían quizás explotarlo con provecho». Con lo cual está proponiendo una separación, entre su Procedimiento, que podría servir a otros escritores, y su obra, que aunque realizada con ese Procedimiento se independiza de él una vez escrita y se ofrece a los lectores como literatura convencional. El tiempo lo desmintió clamorosamente, al punto de invertir su presunción. Hoy, a juzgar por lo que se escribe sobre Roussel, su obra es el Procedimiento, y lo que él justificadamente daba por su obra (es decir la materia visible de sus novelas, la Gala de los Incomparables, el jardín de Canterel y todas sus demás invenciones) se ha vuelto apenas el soporte del Procedimiento. Tal como resultaron las cosas, ofrecer para uso general el Procedimiento rousseliano fue como si Cervantes hubiera ofrecido a otros autores el «procedimiento» de escribir sobre un lector de novelas de caballerías al que la lectura le sorbe el seso y empieza a alucinar, etcétera.

La contradicción principal en Roussel se da entre el Procedimiento y la Obra. Pero la obra se extiende más allá de esta dupla, pues las obras escritas con el procedimiento son sólo cuatro, y Roussel escribió otros tres libros, de los que especificó que no habían surgido de procedimiento alguno; están escritos en verso, rimados, y como él dijo que el Procedimiento «en suma, está emparentado con la rima», cuando no usó el Procedimiento usó su pariente la rima. O, al revés, sólo podía escribir en prosa si había un procedimiento emparentado con la rima; en verso, donde la rima (y el metro) ya estaba, no lo necesitaba.

No es sólo el auxilio del azar formal de la rima lo que necesita en estos libros ajenos al Procedimiento. En ellos hay un estricto plan de producción, en general asociado a la descripción. Aquí hay una intención ligeramente perversa (también podría decirse «vanguardista», si no fuera porque Roussel fue todo lo contrario de un vanguardista) de poner a trabajar la inadecuación. Porque el verso medido y rimado sería el último formato que se le ocurriría utilizar a un escritor para hacer la descripción al detalle de seres y objetos concretos visualizados previamente.

El primero fue *La Doublure*, escrito en su primera juventud, que consiste principalmente de una descripción (de doscientas páginas) del desfile de muñecos «cabezones» en el carnaval de Niza. Otro, *La Vue*, tres largos poemas que describen con minucia de microscopio sendas fotografías o dibujos en blanco y negro. Y por fin su último libro, las *Nuevas impresiones de África*, cuyo plan inicial era, como en *La Vue*, la descripción de imágenes dentro de objetos pequeñísimos, y terminó siendo una serie de enumeraciones asociativas y comparativas, en una estructura de frases encajonadas mediante paréntesis (llega a haber más de diez niveles parentéticos). También en verso, también descriptivo, hay un poema adolescente, *Mi alma*, en el que el planteo descriptivo queda subordinado al proyecto de llevar una metáfora a sus últimas consecuencias. La metáfora es la del alma del poeta como una mina de la que se extraen metales preciosos. El desarrollo, en cientos de versos, describe hasta el más exasperante detalle el trabajo en una mina.

En el título del libro testamento, *Cómo escribí algunos de mis libros*, queda implícitamente subrayada la palabra «algunos». En el texto, la declaración es tan lacónica como tajante: «No es necesario aclarar que mis otros libros, *la Doublure, la Vue* y *Nuevas impresiones de África*, no tienen absolutamente nada que ver con el procedimiento». Si bien esto pone a esos «otros libros» en un plano distinto, también acentúa su existencia. De ahí que hayan excitado el interés crítico, siquiera en los márgenes del interés desproporcionado enfocado al Procedimiento. Y, un paso más allá, han planteado el enigma de la obra como totalidad. ¿Qué une a las dos mitades de la producción de Roussel, las hechas con y sin el Procedimiento? Porque la segunda no está marcada sólo por la ausencia del Procedimiento: es tanto o más original y extraña que la otra. El problema no se plantearía si se tratara de libros convencionales, de los que podría pensarse que fueron vacaciones del arduo trabajo de las novelas. Como los astrofísicos que buscan la explicación general que conjugue todas las explicaciones parciales a los distintos fenómenos explicados del Universo, así los rousselianos buscan la Clave Unificada de Roussel.

Yo creo haberla encontrado: lo que tiene en común todo lo que escribió, del principio al fin de su vida, es, simplemente, la Ocupación del Tiempo. Escribió para llenar de manera sólida y constante un tiempo vital que de otro modo habría quedado vacío. Para ello debió inventar modos de escribir, marcos, formatos, que ocuparan la mayor cantidad posible de tiempo. ¿Qué tienen en común todos sus escritos? El parecido con la resolución de crucigramas: la fusión de un máximo de significado con un mínimo de sentido, lo que se traduce, precisamente en la ocupación del tiempo.

El labrado de las homonimias en el Procedimiento, las trabajosas verosimilizaciones, las explicaciones de complicadísimas máquinas nunca vistas; y, fuera del Procedimiento, la esforzada redacción de los alejandrinos, el hallazgo de las rimas… todo se resuelve en lo mismo: el tiempo que lleva hacerlo. El último libro, las *Nuevas impresiones de África*, con su mecanismo de paréntesis, exacerba algo que siempre había estado ahí. «No se puede creer qué tiempo inmenso exige la composición de versos de ese tipo», dice Roussel, y calcula que el poema, de unas cuarenta páginas apenas, le llevó siete años de trabajo sin pausa.

Ahora bien, se dirá que esto es una obviedad. Toda obra de todo escritor se hizo ocupando el tiempo que llevó escribirla. Pero sucede que en Roussel la ocupación del tiempo está en primer plano, y, si mi hipótesis es cierta, constituye el motivo de escribir. Obsérvese que su testamento se titula «*Cómo* escribí…», y no «por qué»; en Roussel no hay ningún «por qué», sólo hay un «cómo»; es una técnica, algo que ocupa el tiempo sin dirigirse a ningún objetivo. La única respuesta a un «por qué», la respuesta teleológica, biográfica, la única finalidad a la que pudo aferrarse, fueron conceptos vacíos como «la fama», «la gloria», «la difusión» (*l'epanouissement*), y volverlos patologías (por las que fue tratado, y por las que al fin murió).

Todo lo que escribió comparte ese aire de rompecabezas de armado paciente e ingenioso; y a eso se le agrega su gratuidad manifiesta, su falta de todo mensaje, ideológico o instructivo; hasta sus admirados Verne o Loti tienen un componente educativo o informativo; Roussel arma maquetas de Verne o Loti despojadas de ese componente, puramente formales. Por fin, tampoco hay elementos autobiográficos, eso se ocupó de dejarlo en claro explícitamente. («De todos mis viajes, nunca saqué nada para mis libros.») Entonces, ¿qué queda, en términos de justificación para haber escrito? Respuesta: la ocupación del tiempo.

Y más allá del trabajo de producirlas, o como consecuencia de ese trabajo, sus textos, las invenciones de sus novelas, huelen a tiempo. Eso es lo que debió de sentir Duchamp, que dijo que su experiencia de asistir a la puesta en escena de la teatralización de las *Impresiones de África* fue lo que dictó la dirección que tomaría su obra. Y la obra de Duchamp también podría verse como un gran aparato para ocupar el tiempo sin imponer objetivos de sentido. (Su práctica del ajedrez, y la leyenda que él mismo alentó, de que había abandonado el arte para dedicarse al ajedrez, van en la misma dirección.)

En qué otra cosa podría haberlo ocupado, al tiempo, un hombre como Roussel, rico, neurótico, educado para la inutilidad. Es cierto que no fue el único hombre rico, neurótico, desocupado, que ha habido. En él parece haber habido una sensibilidad especial al empleo el tiempo. Si bien la escritura lo absorbió casi por completo (él se las arregló para que así lo hiciera) quedaron márgenes, que ocupó en actividades también típicamente de «empleo del tiempo»: las drogas, los viajes.

Lo anterior no quiere decir que no sea un gran escritor. Al contrario. Tan al contrario que podemos suscribir las palabras de quienes lo leyeron antes de la revelación, José Bianco, Raymond Queneau: único, incomparable, primera competencia digna del Creador… Ningún elogio le queda grande al escritor que escribió sólo para llenar el tiempo, e hizo de esa ocupación la única materia de su obra. Porque también podría haber ocupado su tiempo escribiendo novelas como las de Dostoievsky, o poemas como los de Verlaine, que no habrían sido menos eficaces en ese cometido. Pero entonces habría debido escribir sobre sus sentimientos, ideas, experiencias, y eso estaba fuera de las intenciones del gran dandi que fue Roussel. La literatura está toda hecha de elementos extraliterarios. ¿Qué sucedería si le sacáramos todo lo que en ella es información, comunicación, ideología, autobiografía, opinión…? ¿Si lográramos aislar el puro mecanismo de lo que hace literaria a la literatura? Creo que tendríamos algo así como *Locus Solus* o cualquier otro de sus libros. En su concentración por encontrar formatos que le dieran una plena ocupación del tiempo, Roussel hizo a un lado todos esos elementos, y dejó la literatura desnuda.

DALÍ

El punto de partida de estas reflexiones, que me temo que no concluirán en nada que no sean mis propias perplejidades, es una pregunta, tan vieja en mí como lo es mi admiración por Dalí. A saber: ¿cómo es posible decir «soy un genio»? Suena a broma, a ironía, a la clase de afirmaciones que uno hace cuando ha resuelto una adivinanza o ha logrado calentar un plato de sopa en el microondas. La palabra «genio» en su uso corriente viene con su propia devaluación incorporada. Instalar la ambigüedad es mucho más difícil: ¿lo dirá en serio? ¿O será una forma retorcida de falsa modestia? La ambigüedad entra en una veloz escalada: de preguntarnos: ¿se lo estará creyendo? pasamos a sospechar que nos quiere hacer creer que él se lo está creyendo, y así sucesivamente. Lo excepcional e intrigante es que lo diga un artista reconocido, importante, y que haya creado alrededor de esa afirmación todo un sistema de protección dentro del cual pudo repetirla y desarrollarla durante toda su vida. Y no es sólo la repetición la que importa, porque aun repetida podría ser un desplante aislado, destinado a provocar o escandalizar. En Dalí, «soy un genio» es el eje que estructura en la conformación de su obra todo lo que hizo y dijo.

Lo primero que hay que observar respecto de esta frase es la diferencia entre pensarla y decirla. Debe de haber muchos que la pronuncien en silencio en su fuero íntimo, y jamás la dirían en voz alta. Lo que importa de esta diferencia no es el aspecto psicológico del pudor o el miedo al ridículo, sino el valor autónomo, y hasta el significado autónomo, que toma la frase al pasar al estadio físico de ser pronunciada o escrita. Es de esas frases que tienen dos significados: uno el de la frase en sí, cuando no la dice nadie, y otro cuando alguien asume el papel de emisor. (Quizás, dicho sea entre paréntesis, es la duplicidad que habita toda proposición en primera persona.)

Ahora bien, si podemos suponer que hay tanta gente que la piensa, ¿por qué nadie la dice?

Creo que es porque al decirla se la pone en estado de diálogo, y se la expone a la contradicción. El interlocutor podría decir: «No, usted no es un genio», y eso bastaría para poner la conversación en el carril de la lógica discursiva, de las razones y refutaciones, es decir en la lógica de su significado primero, el mental y no dicho, lo que sería contradictorio con el estatus de acción o significado segundo que ha tomado la frase desde que fue pronunciada en voz alta.

Ya antes hay una contradicción, en los términos mismos, es decir entre «yo» y «genio». Por una especie de pacto de caballeros en la convivencia, si soy yo no puede ser un genio, y si es un genio, no puedo ser yo. De ahí que la frase suene, a priori, un tanto inubicable.

Pero éstos son sobreentendidos. Habría que definir los términos. La palabra «genio» puede tener tantas definiciones como se quiera, pero la de Dalí, como la de la mayoría, es la de un talento supremo, un escalón más arriba del talento, la inteligencia y el poder creador de un visionario, de un superhombre, o cualquier otro superlativo más o menos equivalente. En general la palabra se emplea, y se la discute consiguientemente, según su aplicación a una selecta elite ya consensuada, que incluye a Mozart, Picasso, Einstein, Leonardo, etcétera. Cuando se la aplica a alguien fuera de este grupo, es con motivos polémicos.

¿Pero quién decidió que Picasso, Mozart, etcétera, son genios? Ahí se tocan, o se anudan, dos extremos de la demografía del campo cultural. En una punta está el susodicho genio, con su obra insondable y su personalidad inaccesible, a las que sólo se atreven a acercarse, con temblor, eruditos que les dedican su vida, con interpretaciones que se van haciendo más difíciles a medida que pasa el tiempo. En la otra punta, pero envolviendo y justificando la anterior, está sólo el nombre, es decir la doxa popular masiva que acepta la genialidad de los genios sin razones ni explicaciones, sin conocer de sus obras y sus vidas más que la caricatura de los medios o el rumor. Creo que la «operación Dalí» parte de este punto en el que se anudan lo desconocido y lo demasiado conocido. En cierto modo, lo suyo es una apropiación, una privatización, del consenso. «Si todos lo dicen, no lo dice nadie.» Entonces lo dicho queda sin emisor, disponible para el primero que quiera decirlo. El primero que lo dice, gana.

Yendo a definiciones de «genio» más particularizadas, la que encuentro más sugerente es la que surge de la siguiente afirmación, que no es mía, aunque la suscribo: «El talento hace lo que quiere; el genio hace lo que puede». Tiene la virtud de establecer una diferencia no puramente cuantitativa entre talento y genio. El hombre de talento puede hacer lo que se propone, y si tiene mucho o muchísimo talento puede hacerlo todo o casi todo; esto se refiere a lo que quiere hacer, es decir a hacer realidad, a plasmar en realidad, lo que ha pensado o imaginado… En cambio el genio hace sólo lo que puede: está obligado a hacer lo que le manda su genio, pues él no es un mero superlativo de la habilidad o el talento: él está poseído por una fuerza sobrehumana que lo domina… Con esa sumisión paga la admiración, la devoción, con la que el consenso universal lo ve… Está sometido a su genio. Lo que explica que con tanta frecuencia cometa tantos errores y su vida sea tan corta y desdichada.

Es decir que la primera persona con que se manifiesta la cualidad de genio, el «Soy un genio», encierra algo así como una tercera persona. «Yo es otro», dijo un genio certificado. Confirmando lo cual, y adelantándome a la exploración de esa primera persona, anoto el curioso hecho de que el extremo al que puede llegar la primera persona en su fatuidad o su egolatría es, paradójicamente… la tercera persona. Cuando alguien empieza a hablar de sí mismo en tercera persona, como Dalí lo ha hecho más de una vez, por no decir siempre, está escalando la cumbre más alta de la voluntad de imponerle a los demás su primera persona. La tercera persona emerge como un efecto de la saturación de la primera persona. Hay un punto de exceso en la manifestación del Yo en que éste se vuelve pura enunciación, y para recuperar el enunciado, para poder decir algo de ese yo que ha llegado a vaciarse, es preciso recurrir a la tercera persona.

El otro término de la frase en cuestión es el primero, precisamente la primera persona, el Yo. La literatura del Yo pertenece al género dramático, no al narrativo propiamente dicho. En un relato en primera persona, la construcción de la narración queda a cargo del lector, del mismo modo que el espectador en el teatro debe narrarse a sí mismo la historia que está viendo suceder. En el teatro todas las voces están en primera persona, salvo la del autor. El autor es el ventrílocuo. Cuando es el ventrílocuo de sí mismo, renuncia a la lógica del relato para adoptar una que se le parece mucho pero que obtiene toda su eficacia de las diferencias. Es que en el relato en primera persona las decisiones sobre lo que decir o no decir de los personajes está mediada por el yo narrador; y las decisiones sobre lo que decir o callar sobre sí mismo también están mediadas, pero al revés. Aquí el que hace de filtro es el autor mismo. Se despega así la contigüidad entre el escritor y lo que escribe, y la distancia creada la ocupa una figura social.

Esa figura es un derivado del «nosotros», la primera persona del plural: la fórmula de ésta es «nosotros los buenos», los representantes de los valores positivos que justifican la existencia de la sociedad. Aquí no hay pudor o falsa modestia que valga. En tanto pluralidad lanzada a la empresa política del bien común, de recuperación utópica, «nosotros» los buenos somos absolutamente buenos porque nuestra perfección moral es mutua y correlativa. Confesar la menor debilidad no sólo sería entregarle armas al enemigo sino traicionar a los pares.

Las exigencias del realismo obligan a matizar esta perfección inhumana. Los individuos que componen la sociedad pueden ocasionalmente tomar la palabra no en nombre de la sociedad sino de sí mismos, y entonces sí se permiten confesar todas las imperfecciones que están respaldando la perfección común. No sólo se lo permiten sino que se complacen en hacerlo, porque al estar cumpliendo una función aceptada, cual es la de dar verosimilitud a la ficción general del Bien, se sienten autorizados al fin a dar rienda suelta a toda su abyección. Creo que éste es el mecanismo base de toda literatura confesional, diarista o memorialista.

Aun en la literatura, con todas sus innumerables coartadas, el «nosotros» sigue planeando sobre el «yo», y al individuo se le hace difícil no trasplantar masivamente a su discurso el bloque de lo positivo. Aun presentándose con los rasgos de un loco o un canalla, lo domina la perfección moral que representa desde el momento en que decide hablar. Este dominio tiene un síntoma revelador infalible, que es la pretensión de ser tomado en serio.

«Tomar en serio» significa adecuar el enunciado a la enunciación, el puesto del emisor en la comunicación al contenido del mensaje. «Yo soy un genio» no es algo que pueda tomarse en serio, por razones obvias y también por otras que no son tan obvias y que despiertan temores e irritaciones. Nadie quiere renunciar a la potestad de decir «él es un genio». Poder dictaminar quién es un genio, y quién no, es tranquilizador en tanto mantiene dentro de límites previsibles, consensuados, la excepcionalidad. La condición de genio, como la de criminal o la de cualquier otra anormalidad, está atada a la tercera persona. Si se la libera al capricho voluntarista de la primera persona, no se sabe qué podría pasar.

Visto desde el otro lado, y quitándole a la palabra «genio» sus connotaciones portentosas, la afirmación de Dalí, toda su postura, apunta a una sana excepcionalidad. Ya hay demasiada gente que se llama a sí misma «artista». Hacer arte, dice Dalí, es la consecuencia de ser alguien especial, especialísimo, si no único uno en millones, o en todo caso dos o tres en millones, porque admite compañía, por ejemplo Picasso: «Picasso es un genio, yo también…»

Es un gesto de protección del oficio. Porque si el arte es la expresión de un yo, y todo el mundo puede decir yo, la expresión pierde su especificidad y deja de expresar. Contra la proliferación indiferenciada, la excepción. Ser católico, reaccionario, franquista, monárquico, eurocentrista, en un siglo crecientemente democrático y de buena conciencia fue el modo que encontró de rodear su excepcionalidad con una barrera protectora contra la reapropiación. Esa política es inescapable, como lo prueba Joseph Beuys, que para sostener su slogan «Todo el mundo es artista» debió crearse un personaje de shamán, hombre renacido en el mito, es decir dotarse del prestigio de un genio.

Es como si Dalí dijera: «si quieren decir yo, digan Yo soy un genio». Si no, no vale la pena, será un mezquino desahogo vergonzante, un recuento de miserias personales que no le importan a nadie. Y no le importan a nadie porque ese nadie se transforma automáticamente en todos. El Yo como instrumento artístico o literario lleva a la proliferación, o es ya de por sí una proliferación. La palabra «yo» es el padre de todos los shifters: quiere decir lo mismo aunque se refiera a cualquiera de los seres distintos del mundo; y también a cualquiera de las cosas, pues la primera persona lleva dentro de sí la semilla de la prosopopeya. Darle la voz narradora a un gato o una pared o una montaña no es una operación distinta, en esencia, a dársela a Borges o al «narrador» de Proust. Kafka hizo hablar a perros, topos, ratones, y en su cuento más extraño (el llamado «Una mujercita») inventó una primera persona que podría ser casi cualquier cosa del Universo (yo me he convencido, después de muchas lecturas, de que es la luz solar). Con el yo, la expresión se vuelve ventriloquía. Es alguien hablando en nombre de otro; que sea el mismo es un detalle circunstancial, apenas una coincidencia de tiempo y lugar, una coincidencia biográfica sujeta a comprobación. Cuando oímos «Yo», sabemos lo que quiere decir pero no sabemos si se refiere a un hombre, una mujer, un enano, un unicornio, una silla.

Lo que en la tercera persona se concentra prolifera en el vértigo centrífugo del yo. Está demasiado cerca de la emisión de la palabra para evitarlo, y nadie quiere evitarlo en realidad. Lamentablemente también se evita, por un pudor malentendido, el narcisismo, que al menos propone una triangulación por la imagen y modela la multiplicidad de la primera persona. El peligro de la proliferación está en que lleva a la saturación y a la indiferenciación. Cada yo es único y distinto a todos los demás. El problema es que todos lo son, y en eso se igualan.

La excepcionalidad se construye entre el antes y el después de la proclamación de la frase «Yo soy un genio», y con la colaboración de ambos, del antes y el después. Antes, se necesita una historia de la que la frase sea el epílogo y consecuencia. La excepción tiene una historia, a diferencia de la regla, que no puede tenerla por su condición de intercambiable. La historia debe estar antes de la emisión del yo. No es el yo el que la construye, como piensa la mayoría de quienes lo usan. Las historias que construye el yo no nos interesan porque no concluyen en nada, no hay un genio esperando en el desenlace, hay apenas la mala conciencia de un tipo corriente que se parece a cualquiera.

En Dalí ese «antes», la creación *ex nihilo* de la excepcionalidad, se hizo mediante un discurso del que la afirmación subversiva en primera persona de la genialidad fue el centro generador. Quedó confirmado, después, con la obra pictórica, en la que ese yo se concreta en materia, y en lo más material de la materia: Narciso superior, en él lo abstracto del agua se vuelve la materia pesada del óleo, pegajosa, viviente, de modo de hacer tangible la imagen. Por otro lado, la realidad se afirma en un oficio exhibido y explicado como renacentista, de factura artesanalmente impecable, en todo lo que representa un largo aprendizaje.

La historia previa, el mito familiar o personal, Dalí lo construyó usando lo que tenía a mano: la vulgata psicoanalítica, el ocultismo, la historia del arte, los juegos de palabras. No le hizo ascos a nada, ni siquiera al sentido común.

Leo un fragmento representativo:

«...Ya he contado que cuando nací, tres años después de la muerte de mi hermano a los siete años de edad, mi padre y mi madre me pusieron su mismo nombre, Salvador, que era también el de mi padre. Crimen subconsciente agravado por el hecho de que en la habitación de mis padres –lugar polarizador, misterioso, temible, cargado de prohibiciones y ambivalencias– se hallaba, cual pantocrátor románico, la fotografía de Salvador, mi hermano muerto, al lado de una reproducción del Cristo de Velázquez; y esa imagen del cadáver del Salvador-Jesús que mi hermano Salvador Dalí había ido a encontrar sin duda alguna en su ascensión angélica, condicionaba en mí un arquetipo nacido de la existencia de cuatro Salvadores que me cadaverizaban. Tanto más que decidí parecerme a mi hermano muerto como si yo fuera su espejo.

»Me creí muerto antes de saberme vivo. Los tres Salvadores que se enviaban sus imágenes como tres espejos –uno de ellos Dios crucificado, conjuntado con el otro que era un muerto y el tercero que era un padre imperialista– me impedían vaciar mi vida en un molde tranquilizador, e incluso añadiría que me impedían ser yo mismo. [...] Había perdido la imagen de mi ser, me la habían robado; yo no existía sino por delegación y sustitución.

»Por mucho que remonte en mi memoria –que es prodigiosa–, no experimento más que la nostalgia de haber nacido y el gusto profundo por mi vida intrauterina, preferible a aquella realidad que me violaba y me desposeía. Sentía mi ser y mi persona como si se tratara de un doble. Es verdad que, desde que tuve conciencia de las cosas, estuve ausente de mí mismo y me veía obligado a cada instante a comprobar si en realidad estaba en el mundo. De ahí procede mi perversidad polimorfa para imponer el yugo de mis caprichos. Pero yo no tenía contornos. No era nada y a la vez lo era todo. Dado que me negaban, yo era algo que flotaba en lo indeciso, en lo difuminado. Mi cuerpo, tanto como mi espíritu, vivían en lo difuminado y en lo ambiguo, y yo igual existía en los objetos como en los paisajes. Mi espacio psicológico no estaba cristalizado en un cuerpo, sino que, por el contrario, se hallaba disperso en un espacio indefinido, suspendido entre cielo y tierra como la ascensión del ángel que era mi hermano muerto, a la diestra del Salvador. A pesar de que mi cuerpo era una especie de espejismo que yo sólo experimentaba por mimetismo, mi pensamiento se movía con naturalidad en esa dimensión de lo irreal donde se desplegaba mi fuerza y mi dinamismo vitales. A través de mi cuerpo pasaba como por un agujero de lo irreal.

»Mi psiquiatra preferido Pierre Roumeguére, afirma que identificado por fuerza con un muerto, yo no tenía otra imagen verdaderamente sentida de mi cuerpo más que la de un cadáver putrefacto, blando, corrompido, roído de gusanos. Exacto. Mis más lejanos recuerdos de existencia fuerte y verdadera se vinculan a la muerte (el murciélago muerto por mi primo, el erizo…) Mis obsesiones sexuales están unidas a unas blandas turgescencias. Sueño con formas cadavéricas, senos alargados, carnes que se ablandan y funden como la gelatina, y las muletas que pronto adopté como objeto de sacralización son, tanto en mis sueños como en mis cuadros, instrumentos indispensables para mantener en equilibrio mi débil noción de la realidad, que huye sin cesar a través de los agujeros que yo recorto incluso en la espalda de mi nodriza. La muleta no es solamente un elemento de sostén, sino que su horquilla es prueba de ambivalencia. El enigma de la bifurcación excita mi imaginación hasta el paroxismo.

Contemplando mi mano abierta y la cuádruple horquilla de mis dedos, puedo prolongar esa bifurcación hasta el infinito y permanecer soñando durante horas. Dispongo de un verdadero poder alucinógeno sin alucinógenos.»

Estas páginas espléndidas, intensamente dalinianas, fueron escritas por André Parinaud, del mismo modo que fueron otros los que escribieron casi todos los maravillosos libros de Dalí. Queda anulada toda inquietud pequeñoburguesa por la propiedad intelectual. La calidad está garantizada de antemano, cosa que se ocupó de aclarar el mismo Dalí: «El que piense en Dalí, tendrá ideas geniales, el que escriba sobre Dalí escribirá genialidades, el que compre Dalís se hará rico». Y esta frase cien por ciento Dalí, también pudo escribirla otro. Más aún, la misma frase madre, «soy un genio», pudo decirla otro, y nada impide que haya sido así, al contrario. Dalí se propone como el opuesto simétrico de Duchamp, a quien no le importaba que sus obras las hubieran hecho otros, o nadie, o hubieran sido compradas en un bazar, mientras el discurso que las sostenía fuera suyo. Dalí reivindica la marca artesanal personalísima de sus cuadros mediante un trabajo de paciencia y minucia, que recupera antiguas tradiciones, alquimias y recetas mágicas, pero deja que la expresión de su genio venga ya hecha. Al revés de Duchamp, que según la famosa profecía de Apollinaire estaba destinado a reconciliar el arte con el pueblo, Dalí se propone como el ser aparte, el genio, refractario a toda reconciliación. Pero quizás, como siempre que la simetría de oposición es demasiado perfecta, manifiesta una identidad en el espejo. Después de todo, la excepcionalidad no es más que la conjugación de los muchos en uno, en una singularidad valiosa pero, por su constitución, múltiple.

El Yo tiene una invencible tendencia a presentarse a la conciencia como «ilusión de cosagrande redonda»; Dalí pinchó este globo ya al presentar al Yo como una construcción paralela al significado, e independiente de éste – pero también lo hizo en sus muchas intervenciones, poniendo de relieve la fragmentación inherente a la persona. Por ejemplo en una de sus famosas *boutades*: «La única diferencia entre yo y un loco, es que yo no estoy loco». Ahí la palabra clave es «única». No se trata de diferencias o

identidades en bloque, sino de las múltiples se-
gregadas de la unidad. Entre un loco y Dalí hay
innumerables parecidos y diferencias: de los primeros él los acepta todos, de las segundas elige
sólo una, y el hecho de que ésta coincida con la
totalidad no impide que siga actuando la delica-
da separación de esencias.

EL ENSAYO Y SU TEMA

Una diferencia entre ensayo y novela está en el lugar que ocupa el tema en uno y otra. En la novela el tema se revela al final, como la figura que ha dibujado lo que se escribió, figura que es independiente de las intenciones del autor, y casi siempre, si hubo alguna intención, la contradice. Lo literario de la novela, lo reconocemos en la postergación del tema, y en la alteración de las intenciones; cuando el tema se anticipa a la novela, y la intención se realiza, sospechamos con buenos motivos una deliberación de tipo comercial o mercenaria.

En el ensayo es al revés: el tema está antes, y es ese lugar el que asegura lo literario del resultado. La separación entre intención y resultado que la literatura opera en la novela, en el ensayo la realiza una generalización de lo previo; todo se traslada al día antes de escribir, cuando se elige el tema; si se acierta en la elección, el ensayo ya está escrito, antes de escribirse; es esto lo que lo objetiviza respecto de los mecanismos psicológicos de su autor y hace del ensayo algo más que una exposición de opiniones.

Quiero hablar de la elección de tema del ensayo a partir de una estrategia particular, no difícil de detectar porque suele quedar declarada en el título: me refiero a los dos términos conjugados, A y B: «La muralla y los libros», «Las palabras y las cosas», «La sociedad abierta y sus enemigos». Es un formato muy común, y sospecho que no hay otro, aunque se lo disimule. En los años setenta era casi obligatorio, tanto que con algunos amigos habíamos pensado en ofrecer a las usinas editoriales de ensayo un procedimiento simple para producir títulos. Consistía de una grilla hecha a partir de dos líneas en ángulo recto, sobre las que se escribían dos veces, en la vertical y en la horizontal, la misma serie de términos, extraídos del fondo común de interés de época; digamos: Liberación, Colonialismo, Clase Obrera, Peronismo, Imperialismo, Inconsciente, Psicoanálisis, Estructuralismo, Sexo, etcétera. Bastaba con poner el dedo en uno de los cuadritos así formados, remitirse a la abscisa y la coordenada, y ya había un tema: Imperialismo y Psicoanálisis, Plusvalía y Lucha Obrera, o lo que fuera. Por supuesto, había que tomar la precaución de no elegir una casilla de la diagonal central, en cuyo caso podía salir algo como Capitalismo y Capitalismo. Lo que, pensándolo bien, habría tenido su originalidad.

Los años setenta fueron los años de la no-ficción. Una no ficción que hoy parecería un poco salvaje. La monografía académica todavía no había hecho su irrupción en las librerías; los que escribían eran generalistas de formación más o menos marxista, y lo hacían sobre un fondo de lecturas hoy casi inimaginables por su amplitud y tenacidad. Era la edad de oro de las llamadas «ciencias humanas», cuya difusión se hacía en términos políticos. Ese solo hecho ya exigía los dos términos. «La Lingüística», muy bien; pero, ¿la Lingüística y qué? Sola, no le interesaba a casi nadie (a los lingüistas profesionales); debía estar acompañada de la Literatura, la Sociedad, el Inconsciente, la Antropología, o cualquier otra cosa. Y a su vez cualquiera de esas otras cosas también requerían compañía. La Lingüística sobre todo, iba siempre acompañada de un ''y», porque era el modelo con el que debía estudiarse lo que de veras nos importaba. Lo cual, más allá del modelo epistemológico, imponía un modelo táctico, y todo terminaba conjugado con otra cosa. El architítulo era por supuesto, Marxismo y Psicoanálisis; a su sombra estaban todas las demás parejas de la combinatoria; creo que todas se hicieron realidad, si no en libros, al menos en artículos de revistas. Entre paréntesis, hoy esa grilla podría actualizarse extendiendo las coordenadas y agregando los mismos términos con el prefijo «post».

Hace treinta o cuarenta años, esos títulos dobles respondían a una circunstancia histórica precisa. Cualquiera fuera el tema sobre el que se quería predicar, era preciso remitirlo de inmediato a otro, porque la Revolución, que era nuestro horizonte, era eso: el paso de un término a otro, por acción de una conjunción audaz. La totalización comenzaba con un paso, y no podía comenzar de otro modo. El paso ya era la acción, y si no lo dábamos nos quedábamos en la ensoñación intelectualista o la torre de marfil. Había una especie de ansiedad, que hoy podemos ver con una sonrisa conmovida, en la prisa con que todo tema saltaba a otro tema, en una deriva sin fin, siempre provisoria, como eran provisorias las vidas revolucionarias. En fin, todo eso pasó. La Historia misma se ocupó de ponerle fin, porque la deshistorización es un fenómeno tan histórico como cualquier otro.

Antes y después, se han escrito muchos ensayos con título en formato «A y B». Es un formato eterno, inherente al ensayo, que permanece aunque cambien las determinaciones que lo justifican cada vez. Mi hipótesis es que el tema del ensayo son dos temas. Se diría que un solo tema no es un buen tema para un ensayo. Si es un solo tema, no vale la pena escribirlo porque ya lo escribió alguien antes, y podemos apostar a que lo hizo mejor de lo que podríamos hacerlo nosotros. Este problema tuvo que enfrentarlo aun el autor del primer ensayo del mundo. Con lo cual volvemos masivamente a la cuestión de lo previo, que señalé al comienzo. El ensayo es la pieza literaria que se escribe antes de escribirla, cuando se encuentra el tema. Y ese encuentro se da en el seno de una combinatoria:

no es el encuentro de un autor con un tema sino el de dos temas entre sí.

Si una combinatoria se agota o se satura, sólo hay que esperar a que la Historia la renueve. El tesoro colectivo de intereses está transformándose todo el tiempo. Pero el interés solo, por actual y urgente que sea, nunca alcanza para hacer arte, porque está demasiado comprometido con su funcionalidad biológica. El interés es el hilo de Ariadna con el que nos orientamos para seguir vivos, y con eso no se juega. Para que haya arte debe haber un desvío (una perversión, si se quiere) del interés, y el modo más económico de lograr ese desvío es casarlo abruptamente con otro interés. Inocua como parece, la operación es radicalmente subversiva porque el interés se define por su aislamiento obsesional, por ser único y no admitir competencia. En el origen de esa subversión está el origen del arte de hacer o de pensar. De lo cual podría deducirse una receta para hacer literatura. Si escribo sobre corrupción, será periodismo o sermón; si le agrego un segundo ítem, digamos arqueología o artritis, tiene alguna posibilidad de ser literatura. Y todo es así. Si hago un jarrón, por bien que lo haga, nunca dejará de ser una trivial artesanía decorativa; si lo acoplo a un suplemento inesperado, como la genética o la televisión, puede ser arte.

Pero no es cuestión de insistir tanto en el ensayo como forma artística, porque el ensayo se presenta más bien como contenido. La forma queda sometida a las generales de la ley de la distorsión de las intenciones, y siempre se ha admitido que el mejor ensayo es el que presta menos atención a la forma y apuesta a la espontaneidad y un elegante descuido. Al revés que en la novela (y es el mismo quiasmo que señalé antes), en el ensayo es la forma, lo artístico, lo que se revela al final, contradiciendo las intenciones, casi como una sorpresa.

La exigencia de espontaneidad no es un capricho. Además de que puede rastreársela genealógicamente en los orígenes del ensayo como género, ya sea en la antigüedad como derivado de la charla o la carta, o en los ingleses del siglo XVIII como lectura casual de periódicos, siempre se lo juzgó con parámetros de inmediatez, de divagación reveladora, de instantánea del pensamiento. Y en el nacimiento propiamente dicho

del ensayo, en Bacon o Montaigne, esos parámetros se sistematizaron como conjunción de un
segundo tema, «Yo», el sujeto en busca de objetos, adhiriéndose a todos los temas. La forma
A y B, aunque no esté en el título, es omnipre-
sente porque siempre se trata, para que sea un
ensayo, de esto o aquello … y yo. Caso contrario,
es ciencia o filosofía.

A diferencia del novelista, que se enfrenta
con los temas del mundo por interpósito personaje, el ensayista los encara directamente. Esto
no quiere decir que no haya un personaje, o que
el ensayista realice su actividad antes de la irrupción del personaje. Yo diría más bien que lo hace
después. Para empezar un ensayo se hace nece-
saria una operación específica, y bastante delica-
da, que es la extirpación del personaje. Una ci-
rugía peligrosa, de alta tecnología, porque a la
vez hay que subsumir el yo en la conjunción
con el segundo tema y dejar en hueco el rastro
de lo previo. Es como si cada ensayo tuviera
como premisa tácita un episodio anulado, que
podría formularse en estos términos: «Acabo de
asesinar a mi esposa. No soportaba más su mal
carácter y sus exigencias desmedidas. La estran-

gulé, en un acceso de cólera. Una vez que pasó la conmoción del crimen, me ha invadido una extraña calma, y una lucidez desacostumbrada, gracias a la cual pude decidir que es inútil tratar de escapar al castigo que merezco. ¿Para qué embarcarme en los engorrosos trámites convencionales de esconder el cadáver, buscar una coartada, mentir, actuar, si el sagaz detective me descubrirá al fin? También se puede ser feliz en la cárcel, con buenos libros y tiempo libre para leerlos. Así que llamé a la policía y me senté a esperarlos. Mientras llegan, me he puesto a pensar en la relación conflictiva de marxismo y psicoanálisis…» Etcétera.

Esconder el cadáver y buscar una coartada, es decir disponer el espacio y el tiempo, son los «engorrosos trámites» de la ficción, que queda atrás. Hay que resignarse a hacerlo, o aceptar el castigo por no haberlo hecho, y se abre ante nosotros el extenso campo gratificante de la no ficción. Para extender un poco más la metáfora, debemos decir que la víctima tiene por destino volver como fantasma.

Cualquiera que se haya educado leyendo novelas policiales sabe que la espontaneidad es un atributo del actor. Hacerlo bien es poner la espontaneidad a trabajar como mediadora de la cualidad bajo la cual vale la pena que se revele el autor: la inteligencia. Ésta es la cualidad propia del ensayo. El cuentista debe conocer su oficio, el poeta debe ser original, el novelista debe alquimizar la experiencia ... el ensayista debe ser inteligente. Un resultado de la falta de mediación es que la inteligencia no se predica tanto del texto como del que lo escribe. Ha desaparecido la pantalla de objetivación en la que puedan manifestarse el oficio, la originalidad, la experiencia. La subjetividad directa se justifica como inteligencia, y ésta encuentra en la espontaneidad el único modo de no hacerse ofensiva.

Lo ofensivo, el peligro siempre latente, es quedar como un sabelotodo. Este mecanismo de subjetivación se verosimiliza en los hechos con una exigencia de elegancia. En realidad, el ensayo ha funcionado en el sistema de la literatura como un paradigma o piedra de toque no tanto de la inteligencia como de su elegancia. El ensayista debe ser inteligente, pero no demasiado, debe ser original pero no demasiado, debe decir algo nuevo pero haciéndolo pasar por viejo.

El ensayo tiene algo de enunciación, algo que el narrador moderno se toma todo el trabajo del mundo por anular. Esas formulaciones anticuadas como «habíamos dejado a nuestro héroe en tal o cual situación …» o «pero los lectores se estarán preguntando…», que ya no se usan, en el ensayo han persistido, porque son inherentes al género. La inmediatez del autor con su tema impone los protocolos de la enunciación. En la ficción, el personaje sirve para anular o neutralizar la enunciación, haciéndolo todo enunciado. Al librarse de esos anclajes en la comedia del discurso, la novela adopta con snobismo chillón de *parvenue* todas las innovaciones y vanguardismos; mientras tanto el ensayo, género dandy, prefiere ese regusto aristocrático ajeno a las modas.

La clave para lograr esta espontánea elegancia es lo previo. Para no mostrar el esfuerzo es preciso haberlo dejado atrás. Todo lo importante sucedió antes; el ensayista puede poner una cierta distancia con su materia; suele decirse que la clave de los buenos modales en la mesa es no tener hambre; los buenos modales del ensayista dependen de que no tenga que poner mucho ahínco en la busca de la verdad.

Hay que recordar que el ensayista auténtico, el que no es un predicador o un publicista, debe buscar, antes, cuál verdad decir. Entonces, ¿hay más de una? ¿No es contradictorio con la definición de la verdad, sea cual sea? En el campo de lo previo, resulta que hay una verdad para cada objeto, porque en lo previo el objeto todavía no está determinado. Pues bien, al objeto lo hemos llamado «tema», y hemos dicho que todo el trabajo del ensayista se resume en el hallazgo del tema, antes de ponerse a escribir.

Pero, justamente, se buscan dos términos para hacer un tema. Un solo término parece no ser tema para un ensayo, a juzgar por la proliferación de títulos bimembres. Si es un solo término, hay que escribirlo, hay que hacer el esfuerzo y peligra la elegancia. Con un solo término, el ensayo quedará demasiado cerca de la verdad, de una verdad ya dada que le restaría méritos de novedad al autor. Es como si todos los ensayos con un tema único ya los hubiera escrito otro. En efecto, el ensayo es un género histórico, que empezó alguna vez, aunque no nos pongamos de acuerdo sobre cuándo fue. Y si empezó, necesariamente en el primer momento, en el momento que dominó su inventor, se agotó. Su inventor, mítico o real, no tenía motivos para detenerse a medio camino, para decir la verdad final sobre unas cosas y no sobre otras. Podemos suponer con tranquilidad que dijo toda la verdad sobre todas las cosas sobre las que valía la pena decirla. Este agotamiento liberó de compromisos a los ensayistas que vinieron después, es decir a todos los ensayistas.

Aquí debo decir que lo previo en literatura tiene dos caras: una buena, que nos ahorra el trabajo de escribir, otra mala que vuelve inútil lo que se escriba bañándolo en la luz lívida de la redundancia. En su cara buena, lo previo contiene toda la felicidad que pueda darnos la literatura. En ese sentido, el ensayo es el género más feliz. La felicidad existe en razón directa de la libertad que se nos permita ejercer en un momento dado. Al no ser obligatoria, por suerte, la literatura tiene en su origen una elección libre. Después, el margen de libertad se estrecha. El que escribe durante un período largo inevitablemente verá reducirse muchísimo su libertad. Pero ahí está el ensayo, para devolvernos la dicha de los orígenes, al jugarse en el campo de la elección previa, donde está el tema. (Entre paréntesis, creo que no es que se elija el tema, sino al revés: donde todavía hay tema sigue habiendo elección, y por lo tanto libertad.)

Un invitado de último momento, a esta altura, es el crítico. Pero no ha estado ausente en todo lo que dije, porque el crítico es esencialmente un ensayista. El crítico que quiera ir más allá de la descripción y explicarse de dónde salieron los libros que ha leído, tiene que retroceder a la sociedad y la Historia que los produjeron. Y la regla a la que obedece la felicidad de nuestro oficio quiere que, cada vez que desde la literatura se vuelve a lo previo, se lo haga escribiendo ensayos.